毎日のお味噌汁

平山由香

anonima st.

はじめに

毎日でもおいしい。毎日でも飽きない。
お味噌汁は、ほんわかと体をあたため、
ほっこりとした気持ちを運んでくれます。

お揚げさんとおねぎ、お豆腐とわかめなど、
王道の組み合わせも大好き。
だけど、私の毎朝のお味噌汁は
半端に残っている食材、出汁と味噌を
パズルゲームを楽しむように仕立てるのが常。

ちょこっと残った野菜の端っこ、大根の皮、椎茸の軸、
冷蔵庫の隅っこに押しやられている野菜たちも、
お味噌汁のお椀の中では、立派に主役をはってくれるのです。
それらを取り合わせ、思いきり具だくさんに仕立てれば、
おかずの役目も十分に果たします。

トマトとアボカドとチーズで、スープやシチューのように。
ホタルイカや魚の干物のように。
お酒のアテになるような具材を自由に楽しむ。
お味噌汁にするにはどうかな？と思う
思いがけない素材や取り合わせでも、
お味噌汁は、やさしく受けとめ、まぁるく調和してくれます。

毎朝向き合う小さなお鍋の中で、端っこ野菜がお味噌に包まれ、
おいしくなっていく様子にワクワクし、
その懐の深さに、魅力に、惚れ直し、
この数年、おいしくたっぷりといただいてきました。
この本は、そんな私のお味噌汁日記を中心にまとめたものです。
その日の出来事、気候、季節の行事などの日記とともに、
ひと椀の具材、吸口、出汁と味噌、作り方を記しています。

水出しの簡単お出汁と本物のお味噌があれば、
いろいろな味の冒険ができます。
新しい味の発見を楽しみながら、
ご飯の日もパンの日も、自宅でも旅先でも、
毎朝のお味噌汁をいただくことで、
心も体もいきいきと一日をはじめられるようになりました。

お味噌汁作りが毎日の楽しみのひとつになる。
この本の中に、そんなヒントを見つけていただけましたら、
とてもありがたく幸せです。

お味噌汁のある食卓が、
ごく当たり前の暮らしの風景であり続けますように。
心からの願いを込めて。

平山由香

もくじ

はじめに 2
毎朝すること 6
この本のレシピについて 9

春 10
シャキシャキ新じゃがとあさり 11
3月、4月、5月の味噌汁 12……37

夏 40
焼きなすとアボカド、パプリカ 41
アボカドとカッテージチーズ 42
6月、7月、8月の味噌汁 44……67

秋 70

きのこいろいろ 71

9月、10月、11月の味噌汁 72……93

冬 98

大根おろしと卵白 99

おろし蓮根 100

12月、1月、2月の味噌汁 102……125

味噌汁をもっと楽しむために 8

出汁 38

味噌 68

吸口と具材 94

味噌玉とマグカップ味噌汁のすすめ 126

毎朝すること

一日の終わりに、お風呂に浸かりながら、布団に入ってからも考えるのは明日のお味噌汁のこと。「冷蔵庫にはあれとあれがあるから、あ、そろそろあれも賞味期限が……。ならば味噌は白味噌かな?」など、パズルのように、素材と味噌を組み合わせ、考えるのが日々の楽しい日課となりました。

朝起きると、昨夜たくさん食べたのが嘘のようにおなかがグーとなるから不思議。簡単に身支度を済ませ、まずは冷蔵庫を開け、昨夜のおさらいよろしく、残りもの素材をゴソゴソと出します。とはいえ、頭の中で考えていた通りにばかりはいきません。あー、こ

＊冷蔵庫を開けて、頭の中で考えていた残りものの素材や煮物などをゴソゴソ取り出します。

＊今朝は料理教室の残りのミニトマト、モッツァレラチーズ、細ねぎで。出汁は常備している昆布水出汁を使います。吸口にはオリーブオイルを。

＊鍋に昆布水出汁を入れ、火にかけます。

＊煮立ったら、出汁を少し取り、味噌を溶いておきます。

れもあった！なんてこともしばしば。でもそれがおもしろい。私的に"朝練"と呼ぶ、この朝の一杯の習慣のおかげで、素材同士の組み合わせはもちろん、味噌や吸口との合わせもいろいろ試す、味の取り合わせ稽古ともなってきました。昆布水出汁を常備しているから出汁をひくこともなし。あっという間に朝の一杯が完成。私の一日はいつもこんなふうにはじまります。

＊モッツァレラチーズは、食べやすい大きさにちぎって椀に入れておきます。

＊鍋に溶いていた味噌を加えてミニトマトを加えます。皮が少しはじけたら火を止め、モッツァレラチーズを入れておいたお椀によそいます。

＊お好みで、パルミジャーノレッジャーノチーズを加えてもコクが出ておいしいですよ。

＊適当な長さに切った細ねぎを加え、オリーブオイルを適量たらします。

味噌汁をもっと楽しむために

■出汁
おいしすぎるお出汁は必要ありません。
さまざまな具材の旨味に、お味噌の旨味が加わるお味噌汁には
手間要らずの水出しの出汁が最適。
昆布や煮干し、干し椎茸を水に浸しておくだけ。
冷蔵庫での時間が、ほどよい旨味を生み出してくれます。
昆布水出汁でゆでた野菜のゆで汁も立派なお出汁になりますよ。
→詳しくは p.38

■味噌
お味噌選びは大切です。
香り高く、心地いい旨味の命は、
昔ながらの製法で仕込まれたお味噌であること。
何種類かをそろえて、
季節や具材に合わせてあれこれと試してみましょう。
→詳しくは p.68

■吸口【すいくち】
吸口とは仕上げのアクセントのこと。
毎日のお味噌汁を手軽に変化させ、
四季それぞれ、豊かな味わいに仕上げてくれます。
それらをちょこっとあしらえば、
お椀の中に季節を呼び込むと同時に
キュッと最後にすべてをひとまとめにしてくれる役目も。
→詳しくは p.94

この本のレシピについて

野菜の切り方や調理の際の細かなところはあえて記していません。
なぜなら、この通りに作らなくてもいいから。
その日の気分で、自由な気持ちで、好きな組み合わせを
楽しみながら作ってみてください。
煮物のように楽しみたいときは、具材をごろごろ大きく切り分けて。
時間がなくて手早く仕上げたいときは、
薄く小さく切り分けると火通りが早く、たっぷりお汁を楽しめます。

*計量の単位は小さじ1 = 5mℓ、大さじ1 = 15mℓ、1カップ = 200mℓです。
*分量のあるレシピは基本1～2人分です。
*味噌汁の出汁と味噌の分量の目安は、出汁1カップに対して、味噌大さじ1です。
　ただし、味噌の種類によって分量は異なります。
*調理するときの油は材料に表記していません。
*レシピ中の「ゆで汁」は、昆布水出汁を使用しています。
*味噌はあらかじめ出汁の一部で溶きのばしておきます。
*オリーブオイルはエキストラバージンオリーブオイルを使用しています。

spring 春

キラキラとした陽射しがきらめき、小鳥がさえずり、植物の若芽がのびやかに育ちはじめる頃。

私たちの体もこの季節は春へと変化を求めるようです。

季節とともに体をシフトする手助けを自然と補い、手軽に叶えてくれるのが毎日の食事。

この時季ならではの素材を使ったお味噌汁は、それを手軽に叶えてくれます。

木の芽、ふきのとうなどを、ちょこっと吸口に。

旬のあさりや春きゃべつ、竹の子と新わかめなどの出会いものを具材に。

それだけでも、お椀に季節が呼びこめます。

一日ひと椀の、春の工夫です。

気分をあげて心をのびやかに。

シャキシャキ新じゃがとあさり

材料 1～2人分
新じゃがいも(小) 1個
あさり 6～7個
酒 少々
昆布水出汁 1カップ
米味噌、白味噌
　各適量(6:4を目安に)
木の芽 少々

作り方
1　じゃがいもはよく洗い、皮ごとチーズおろしなどですりおろす。
2　鍋に砂出ししたあさりを入れ、酒をふり入れる。ふたをして火にかけ、ふいてきたら出汁を加え、再びふたをする。
3　あさりの口が開いたら、あさりのみ椀に取り出す。
4　鍋に1のじゃがいもを加えてひと煮し(鍋肌がフツフツする程度)、味噌を加える。椀によそい、木の芽をあしらう。

3月1日

今朝の一杯。ゆっくりスタートの日曜日。昨日はおいしいお寿司をご馳走になって大満足でした。お寿司 LOVER ではありますが、翌朝は野菜が食べたくてたまりません。冷蔵庫を物色し、出てきたのは実家の冷蔵庫から瀕死の状態を救い出した沖縄の黄ズッキーニ。味噌を少なめにして、摂りすぎた塩分をここで調整します。

具材：黄ズッキーニ、紅芯大根、プチヴェール

出汁と味噌：昆布水出汁、米味噌(淡)

作り方：鍋にオリーブオイルを熱し、黄ズッキーニと紅芯大根を入れ、焼き目がつくまでじっくり焼く。出汁を入れ、軽く煮る。プチヴェールと味噌を加え、火を止める。

3月2日

一番好きな野菜は？　と聞かれたら、はずせないのは春の豆とアスパラガスとこたえます。なかでも、うすいえんどうには目がない私です。うすいえんどうの煮汁の旨味は、しびれるおいしさですよ。卵白は山形の「わんぱくたまご」！

具材：うすいえんどうの煮浸し、卵白
出汁と味噌：うすいえんどうの浸し汁、昆布水出汁、米味噌(淡)

作り方：鍋にうすいえんどうの浸し汁と出汁を入れ、火にかける。温まったらうすいえんどうと味噌を加えて軽く煮、よく溶きほぐした卵白を加えて火を止める。

＊うすいえんどうはすぐにさやから取り出し、塩少々を加えた昆布水出汁でゆでる。ステンレス製の保存容器に汁ごと移し、氷水をあてておく(シワがよらない)。冷蔵庫で3日間ほど保存可。

3月6日

本日は贅沢に、料理教室の試作の残りの鯛の昆布〆。合わせたのは鳴門のわかめ。吸口には、木の芽としたいところでしたが、なし。そこでひらめいたのが、梅干し。我が家の鯛あら炊きは醤油ではなく梅干しを使うので、もしやと思ったらやっぱり、でした！

具材：鯛の昆布〆、わかめ
吸口：自家製南高梅の梅干し
出汁と味噌：昆布水出汁、日本酒、米味噌(赤)

作り方：鍋に日本酒を入れ、火にかける。煮立ったら出汁を加える。再び煮立ったら焼いた鯛の昆布〆を加えてひと煮し、わかめと味噌を加えて火を止める。椀によそい、梅干しをあしらう。

＊わかめは塩を洗い流し、水でもどす。

3月8日

朝の「サンダーバード」で金沢へ向かっています。お出かけ前のひと椀は、マグカップでさっとこしらえました。おいしい塩昆布が入ると味がふくらみます。塩昆布は京都の「小松こんぶ」。あー、お味噌汁の香りはほっとする。

具材：自家製南高梅の梅干し、塩昆布、乾燥わかめ、とろろ昆布
味噌：米味噌(淡)

作り方：すべての材料をマグカップに入れ、沸騰した湯を注ぎ入れて混ぜる。

3月11日

昨日は吹雪いたり、晴れたりの落ち着かないお天気だった神戸。今朝も寒いです。せめてお椀の中にだけでも春を呼びたくて今日はわかめやうすいえんどう、山うど、それに溶き卵を。わかめ以外は教室の残り。

具材：わかめ、うすいえんどうの煮浸し、山うど、油揚げの含め煮
出汁と味噌：うすいえんどうの浸し汁、昆布水出汁、米味噌(赤)

作り方：鍋にうすいえんどうの浸し汁と出汁を温め、油揚げを加えて軽く煮る。うすいえんどうを加えて軽く煮立ててから、わかめと味噌を加えて火を止める。椀によそい、棒状に切った山うどを添える。

3月12日

寒いですね。富山の西島ファームの金長ねぎを焼いて、野菜たっぷりのひと椀で温まろう。料理教室やワークショップの準備や思わぬトラブルで縮こまっていた胃がほぐれると同時に、紅芯大根の色に元気をもらいました。お味噌汁に感謝！

具材：長ねぎ、紅芯大根、サラダほうれん草、油揚げの含め煮
出汁と味噌：昆布水出汁、日本酒、米味噌（淡）

作り方：鍋にごま油を熱し、長ねぎと紅芯大根を焼く。焼き目がついたら日本酒を加え、煮立ったら出汁と油揚げを加える。再び煮立ったら、味噌を加え、最後にさっとサラダほうれん草をくぐらせて火を止める。

3月13日

少々疲れ気味なので、しみじみやさしい旨味のひと椀がいただきたくなり、高知の天然落ち鮎炭火焼きから出汁をひきました。山形から届いたばかりの卵は、ゆるゆるの半熟卵に。いつも元気をありがとう。

具材：鮎の炭火焼き、卵、サラダほうれん草
吸口：黒七味
出汁と味噌：昆布水出汁、仙台の米味噌、高知の麦味噌

作り方：鍋に出汁と鮎の炭火焼を入れ、弱火にかけ、じっくり旨味を引き出す。煮立ったら卵を落とし入れ、ふたをしてしばらくおく。好みの加減になったら卵を椀に盛り、サラダほうれん草をくぐらせて椀にとる。鍋に味噌を加えて火を止め、椀によそい黒七味をふる。

3月14日

いよいよ明日はお味噌汁ワークショップ。料理教室終了後に最終準備に取り掛かります。忙しい朝のはじまりは、旨味たっぷりのシンプルなお味噌汁で元気をチャージ。ねぎの甘みがやさしく沁みわたります。

具材：長ねぎの青い部分、わかめ
吸口：七味唐辛子
出汁と味噌：鮎の炭火焼き出汁（昨日の残り）、切り干し大根の煮汁、米味噌（淡）

作り方：鍋に出汁と切り干し大根の煮汁を入れ、長ねぎを加える。ねぎがやわらかくなったら、わかめを加え、味噌を加えて火を止める。椀によそい、七味をふる。

3月17日

まるで4月のように暖かな朝には、生姜たっぷりのひと椀を。香川の半干し原木椎茸の深いコクと風味、ほうれん草の味わいを高知の生姜の香りがキリッと引き締めてくれます。切り生姜のシャキッとした小気味良さがいい感じです。

具材：堅豆腐、半干し椎茸、ほうれん草、
吸口：生姜
出汁と味噌：煮干し水出汁、高知の麦味噌

作り方：堅豆腐は塩をふり、ごま油でこんがり焼く。ほうれん草は別鍋でゆでて椀に入れる。鍋に堅豆腐、椎茸、出汁を入れ、火にかける。煮立ったら味噌を加えて火を止める。椀によそい、皮ごとせん切りにした生姜をあしらう。

3月18日

昨夜、お風呂に浸かりながら、明日は白味噌、何がなんでも白味噌のモードになってしまいました。春の陽気の日になぜ白味噌なのか？　でも体がそう伝えてきたので素直に耳を傾けてみることに。味噌から決まったひと椀。今日の卵はやや半熟にしてみました。鰹の香り、白味噌の甘み、全体を軽く引き締める九条ねぎの風味、とろ〜んととろける半熟卵。あぁ、お味噌汁って本当においしい。

具材：九条ねぎ、油揚げ、卵
吸口：七味唐辛子
出汁と味噌：本枯れ節 削り鰹、昆布水出汁、京都の白味噌

作り方：鍋に出汁と油揚げを入れ、火にかける。煮立ったら卵を落とし入れ、ふたをする。好みの加減になったら卵を椀に盛る。刻んだねぎと味噌を加えてひと煮し、火を止める。椀に削り鰹を入れ、味噌汁をよそい七味をふる。

3月20日

昨日気付いたんです。お風呂に浸かっている時間がお味噌汁妄想タイムだということを。浮き輪がいるほど、いつも湯船で寝落ちしてしまうのですが、お味噌汁のことを考えるとなぜか目が冴える。昨夜はじゃがいもというお題がおりてきました。

具材：じゃがいも、玉ねぎ、うすいえんどうの煮浸し
出汁と味噌：うすいえんどうの浸し汁、高知の麦味噌

作り方：鍋にうすいえんどうの浸し汁とじゃがいもと玉ねぎを入れ、煮る。野菜がやわらかくなったら、うすいえんどうを加えてひと煮し、味噌を加えて火を止める。

3月21日

3月の教室最終日。今日で山場を越えます。軽やかに爽やかに最終日を過ごせるように、トマトの酸味、白味噌の甘い旨味、モッツァレラの乳の甘み、青りんごのような香りのオリーブオイルで、アヴァンギャルドなひと椀を。

具材：ミニトマト、モッツァレラチーズ
吸口：細ねぎ、オリーブオイル
出汁と味噌：昆布水出汁、京都の白味噌

作り方：鍋に出汁を入れ、温める。トマトと味噌を加えて火を止める。椀にモッツァレラチーズをちぎって入れ、味噌汁をよそう。細ねぎを散らしてオリーブオイルをたらす。

3月23日

今朝は訳あって超具だくさんなひと椀。こんなにたくさん入りました〜。さまざまな素材の味わいが重なり合い、なんともいえないやさしいおいしさ。

具材：自家製 切り干し大根、自家製 干しえのき茸、椎茸の軸、長ねぎ、京人参、じゃがいも、サラダほうれん草
吸口：えごまの葉
出汁と味噌：昆布水出汁、米味噌(赤)

作り方：鍋に出汁と切り干し大根、干しえのき、椎茸の軸、長ねぎ、人参、じゃがいもを入れ、煮る。具材がやわらかくなったらサラダほうれん草をさっとくぐらせ、味噌を加えて火を止める。椀によそい、細切りにしたえごまの葉をあしらう。

3月24日

寒い朝ですが、春めいた陽射しのおかげか、ひんやりとした空気が心地いい。冬は落とし卵、暖かくなってきたら半熟卵。なぜかそうなることが多い。アスパラガスと卵は出合いもの、そう思っている私です。

具材：半熟ゆで卵、グリーンアスパラガス
吸口：えごまの実、カシューナッツ
出汁と味噌：昆布水出汁、米味噌(淡)

作り方：鍋に出汁を入れ、火にかける。煮立ったらアスパラガスを加えてひと煮し、味噌を加えて火を止める。椀によそい、ゆで卵と煎ったえごまの実、カシューナッツを散らす。

3月26日

今日は実験。余った酒粕にパルミジャーノとオリーブオイルの相性は？ と合わせてみた結果、立ち上る酒粕香る湯気をキャッチ。おっ、これは合うと確信。白味噌の塩分は5.4%なのでもう少し加えてもよかったかも。意外な落とし穴はスナップえんどうの若々しい香りが白味噌には合わないってこと。とはいえ、酒粕で体ポカポカ。おいしくいただきました。

具材：モッツァレラチーズ、蒸しじゃがいも、スナップえんどう
吸口：オリーブオイル、パルミジャーノレッジャーノチーズ
出汁と味噌：昆布水出汁、岡山の白味噌、酒粕

作り方：鍋に酒粕をちぎって入れ、出汁を加えて火にかける。酒粕がほぐれたらじゃがいもを加えてひと煮し、スナップえんどうと味噌を加えて火を止める。椀にモッツァレラチーズをちぎり入れ、味噌汁をよそってパルミジャーノチーズをふり、オリーブオイルをたらす。

3月31日

今日はかき玉〜！ これは昨夜から決めていたもの。ふわふわ卵に刻んだ九条ねぎと焼き海苔を。出汁は昆布水出汁に煮干し水出汁を合わせてみました。体にじんわり沁みるおいしさ。ちょっと親子丼のような味わいでもあります。

具材：卵、九条ねぎ
吸口：刻み海苔
出汁と味噌：昆布水出汁、煮干し水出汁、米味噌(淡)

作り方：鍋に小口切りにした九条ねぎと出汁を入れ、火にかける。煮立ったら味噌を加えて、ひと煮し、溶きほぐした卵を加えて火を止める。椀によそい、海苔をあしらう。

4月1日

本日は地味な装い。そこにお蕎麦があったから的な!? 丹波黒豆味噌、蕎麦ときたら、少し鰹の香りが欲しかったかなぁ。春菊、すぐに浸水させて水きりし、やさしく保存していたら1週間経ってもイキイキ！ すこやかに育った野菜の力にびっくりの朝なのでした。

具材：春菊、赤鶏むね肉のスープ煮(昨日の残り)、手打ち更科蕎麦
吸口：黒七味
出汁と味噌：昆布水出汁、米味噌(赤)

作り方：鍋に出汁を入れ、温める。煮立ったら春菊をさっとくぐらせる。別鍋で蕎麦をゆで、春菊と蕎麦を椀に盛る。鍋に味噌と鶏肉を加えてさっと煮る。椀によそい、黒七味をふる。

4月3日

春の息吹をいただきます。京丹後から届いたやわらかな山菜は、ごく軽い火入れでいただけるたらの芽。冬の体を目覚めさせてくれる山の恵みの味わいは格別です。料理教室で余ったこごみとアボカドを合わせて。濃厚でなめらかなアボカドが山菜と合う！ たのしいな、お味噌汁。

具材：たらの芽、こごみ、アボカド
吸口：辛子味噌
出汁と味噌：昆布水出汁、米味噌(淡)

作り方：鍋に出汁を入れ、温める。たらの芽とこごみを加え、煮立ったら味噌を加えて火を止める。椀にアボカドを盛り、味噌汁をよそって辛子味噌をあしらう。

4月6日

雨の月曜日。家のまわりの桜が、けなげにがんばっています。"敬意を表して"の桜麩とあれやこれや、少しずつ冷蔵庫でスタンバイしているので今日は大入りに。それでも懐深く受け止め、調和してくれるお味噌汁。ほんと、えらいです。

具材：白菜菜花、ゆでたホワイトアスパラガス、生麩、金目鯛蒲鉾
出汁と味噌：鶏ガラスープ、昆布、米味噌（淡）

作り方：鍋に鶏ガラスープと昆布を入れて温め、白菜菜花をさっとくぐらせ、椀に盛る。鍋に、ホワイトアスパラガス、生麩、蒲鉾を加えて軽く煮、味噌を加えて椀によそう。

4月7日

春の椎茸。今月の料理教室の素材、香川から取り寄せています。原木椎茸は秋の終わり、そして春先がおいしいんですって。よもぎ生麩の香りともよく合う！ 今日は気温が低いので、もう少しお味噌は甘めでもよかったかも。シックな色合い、大人の春のひと椀です。

具材：椎茸、グリーンアスパラガス、生麩
吸口：あけがらし
出汁と味噌：昆布水出汁、米味噌(赤)

作り方：鍋に出汁を温め、さいた椎茸の軸、スライスした笠、アスパラガスを加えて煮る。火が通ったら生麩を加え、軽くひと煮する。味噌を加えて椀によそい、あけがらしをあしらう。

4月8日

なんと今月末、美術館のお茶室で開く稽古茶事のお料理を担当することになりました！ 昨日はその試作日。さいまき海老など、贅沢な残りもので今朝のひと椀を。削り鰹をお椀の底にしのばせた簡単一番出汁で、鰹の香りもたのしみます。

具材：水菜、ゆでさいまき海老、そら豆、ゆで卵の白身
吸口：木の芽
出汁と味噌：本枯れ節 削り鰹、昆布水出汁、日本酒、米味噌(赤)

作り方：鍋に日本酒を入れ、火にかける。煮立ったら出汁を温め、水菜をくぐらせて椀に盛る。海老とそら豆、卵の白身を加えてひと煮し、味噌を加えて火を止める。椀に削り鰹を入れ、味噌汁をよそって木の芽をあしらう。

4月9日

ザ・正統派なひと椀。料理試作用の筍の残り福。筍らしい味わいを楽しみたいので、すぐにゆでて流水にはあまりさらさずに仕上げました。この程よいえぐみの味わいがわかるようになったとは、なんと大人になったことか。秋田のこごみの食感もよいアクセント。春、バンザイ！

具材：わかめ、ゆで筍、こごみ
吸口：木の芽
出汁と味噌：本枯れ節 削り鰹、昆布水出汁、日本酒、米味噌（赤）

作り方：わかめは塩を洗い流し、水につける。鍋に日本酒を入れ、火にかける。煮立ったら出汁を加え、温まったら、筍、こごみを入れる。煮立ったらわかめと味噌を加えて火を止める。椀に削り鰹を入れ、味噌汁をよそって木の芽をあしらう。

4月11日

雨が続きますね。でも私の心はウキウキ。今日はお休みでお楽しみがたくさんだから。堅豆腐をごま油でこんがり焼いたもの、窓辺で半干しした原木椎茸と菜花を合わせて、春の元気をいただく一杯を。

具材：堅豆腐のソテー、半干し椎茸、菜花
吸口：黒七味
出汁と味噌：昆布水出汁、日本酒、味噌漬け卵の白味噌、仙台の米味噌

作り方：鍋に日本酒を入れ、火にかける。煮立ったら出汁と椎茸を加え、再び煮立ったら菜花をさっと煮、取り出して椀に盛る。鍋に堅豆腐を加え、ひと煮したら味噌を加えて火を止める。椀によそい、黒七味をふる。

4月13日

弾けて食べ過ぎた週末でした。あ、洋服のボタンではありませんよ、気持ちが弾けたのでした。朝起きたら、ごぼうが食べたくなったので、主役のキャスティングは揺るぐことなくごぼうを。あとは冷蔵庫でスタンバイしているおいしいものたちで脇をかためることに。

具材：ごぼう、ブラウンマッシュルーム、堅豆腐のごま油焼き
吸口：細ねぎ、あけがらし
出汁と味噌：大豆のゆで汁、日本酒、米味噌(淡)

作り方：鍋に日本酒を入れ、火にかける。煮立ったら大豆のゆで汁、ごぼうとマッシュルームを加えて煮る。具材に火が通ったら堅豆腐を加えてひと煮し、味噌を加えて火を止める。椀によそい、細ねぎとあけがらしをあしらう。

4月15日

トリプル大豆！ イソフラボンな朝。アスパラガスは料理教室用に香川の畑の方にお願いしたもの。1本50cmもあるんです。味がぎゅっと詰まっていておいしい！ お味噌汁がつなげてくれたまあるい輪の恵み。なんて幸せなおいしさにあふれているんでしょう。ありがとうございます。

具材：ゆでオオツル大豆、アスパラガス、堅豆腐のごま油焼き
吸口：黒七味
出汁と味噌：大豆のゆで汁、海老の殻のゆで汁、日本酒、高知の米味噌

作り方：鍋に日本酒を入れ、火にかける。煮立ったら大豆と海老のゆで汁を加える。温まったら大豆とアスパラガスを加え、火が通ったら豆腐を加えてひと煮し、味噌を加えて火を止める。椀によそい、黒七味をふる。

4月16日

なんだかんだで、そんなこんなで、てんやわんやの朝ですが、昨日のコレをどうしても！　吸口にお隣の庭のやわらかな木の芽。あぁ、なんというおいしさでしょうか。口福、至福のひと椀。教室、頑張ります〜。お味噌汁は、すばらしい！

具材：ホワイトアスパラガス、蕪、ちりめんキャベツ
吸口：木の芽
出汁と味噌：鶏と昆布の出汁、京都の白味噌

作り方：鍋に出汁を温め、ホワイトアスパラガスと蕪を加えて煮る。野菜がやわらかく煮えたらキャベツを加えてひと煮し、味噌を加えて火を止める。椀によそい、木の芽をあしらう。

4月18日

単純というか、研究熱心というか、絶賛、豆味噌モードです。冷蔵庫の隅っこから豆味噌を救出。年代物になっていました。4月1日に京丹後から届いた菜花は、まだピンピン！ 驚異的です。選りすぐりのなすとぶなしめじを合わせた、豆味噌モードなひと椀。

具材：菜花、なす、ぶなしめじ
出汁と味噌：煮干し水出汁、豆味噌

作り方：鍋に出汁を温め、菜花をさっと煮て、椀に取り出す。 鍋になすとしめじを加えて軽く煮、味噌を加えて火を止める。菜花を入れた椀によそう。

5月1日

朝は忙しい！ しっかりひと仕事終えたあとの、ひと椀の香りでほっとひと息。あぁ、沁み入ります。13時に仕事の打ち合わせ、17時半からはお客さまをお迎えします。デザートを仕込んでから買い出しに出かけよう。今日もお味噌汁に感謝！

具材：筍の含め煮、油揚げの含め煮、たらの芽
吸口：一味唐辛子
出汁と味噌：海老のゆで汁、味噌漬け卵の白味噌

作り方：鍋に海老のゆで汁を温め、筍、油揚げとたらの芽を加えてひと煮する。たらの芽のみを取り出し、椀に盛る。鍋に味噌を加えて火を止める。たらの芽を盛った椀に味噌汁をよそい、一味をふる。

5月8日

小谷村の友人が山に入って採ってくれたこごみは森林と春の香りに満ちあふれたもの。感謝！ 先日の旅で出合った岡山のマッシュルームは、その地の風や太陽を感じたからこその味わい。これだから旅はやめられません。

具材：マッシュルーム、すりえごま、こごみ
出汁と味噌：昆布水出汁、日本酒、友人の手前味噌

作り方：鍋に日本酒を入れ、火にかける。煮立ったら出汁とマッシュルーム、すりえごまを加え、再び煮立ったらこごみ、味噌を加えて火を止める。

5月9日

小谷村の春の恵みのひと椀。菜花！ なんと、今時分なのですね〜。日本も広いな〜。菜花のほろ苦さが、黒七味といいハーモニーを奏でています。春の恵み、友からの恵みに感謝。今日もお味噌汁はうま〜い！

具材：無添加蒲鉾、菜花
吸口：黒七味
出汁と味噌：昆布水出汁、日本酒、高知の米味噌

作り方：鍋に日本酒を入れ、火にかける。煮立ったら出汁と蒲鉾を加えて軽く煮、菜花も加えてひと煮する。味噌を加えて火を止め、椀によそって黒七味をふる。

5月11日

五月晴れ。あぁ、海に行きたい。でも月曜だった……。せめてお椀の中だけでも軽やかにいこう。刻んでいるだけですばらしく香り立つ三つ葉。教室で残った野菜の端っこたちでも、いい仕事してくれます。

具材：マッシュルーム、筍の含め煮、パプリカ
吸口：刻んだ三つ葉の茎
出汁と味噌：昆布水出汁、日本酒、岡山の白味噌、高知の米味噌

作り方：鍋に日本酒を入れ、火にかける。煮立ったら出汁、マッシューム、筍の含め煮を加える。ひと煮立ちしたらパプリカと味噌を加えて火を止める。椀によそい、三つ葉を散らす。

5月12日

今朝のひと椀は、和歌山の露地ものが出回りはじめたうすいえんどうのかき玉と、昨夜から決めていました。とっておきの卵と白味噌を合わせたひと椀。あぁ、なんでこんなにおいしいのかしら〜。思わず、うっとりと余韻に浸っております。

具材：うすいえんどう、卵
吸口：刻み海苔
出汁と味噌：昆布水出汁、日本酒、岡山の白味噌

作り方：鍋に日本酒を入れ、火にかける。煮立ったら出汁を加え、再び煮立ったらうすいえんどうを加える。やわらかくなったら味噌と溶きほぐした卵を順に加えて火を止め、卵をふうわり仕上げる。椀によそい、海苔をあしらう。

5月13日

神戸の二郎へ苺ハウスの片付けをお手伝いしに。苺のお味噌汁!? いえ、さすがにね。今朝はちょっと変化球で、料理教室の残りの新じゃがいもと新玉ねぎのヴィシソワーズスープ、白味噌仕立てです。たっぷり採れた苺は、100％の苺ジュースにしていただきます。

吸口：パプリカの切れ端
出汁と味噌：ヴィシソワーズスープ、昆布水出汁、岡山の白味噌、牛乳

作り方：鍋にヴィシソワーズスープと出汁を温め、味噌、牛乳を加えて調味する。椀によそい、パプリカをあしらう。

5月16日

メールや電話の連絡がどこまでも追いかけてくる朝……。教室の残りの白味噌仕立てのヴィシソワーズを冷蔵庫に入れておいたので助かったー！　昔々、その昔、母が作ってくれたポタージュスープを思い出しました。

具材：マッシュルーム
出汁：白味噌仕立てのヴィシソワーズスープ

作り方：ヴィシソワーズスープをそのまま椀によそい、マッシュルームをスライスして浮かべる。

5月18日

ヴィシソワーズスープが少しずつ残るので、それを温め、少しだけあったうすいえんどうの煮浸しをハンドブレンダーで撹拌してみました。泡ごとそっとふんわりよそったら、いや〜ん、美しい〜。参ったなぁ。

具材：うすいえんどうの煮浸し
出汁：白味噌仕立てのヴィシソワーズスープ

作り方：鍋にヴィシソワーズスープとうすいえんどうを半量入れて温め、椀によそう。残りのうすいえんどうを浸し汁ごとハンドブレンダーで撹拌し、泡ごと同じ椀にそっと盛る。

5月25日

先週末から富山・氷見でのオリーブオイル・ワークショップに出かけていたので、今朝は久しぶりの我が家での一杯。帰りに金沢駅で買い求めた、不室屋さんの南瓜の生麩。こうすることは決まっていましたのよ。

具材：生麩、プチポンロッソ（トマト）、アボカド
吸口：オリーブオイル
出汁と味噌：昆布水出汁、日本酒、岡山の白味噌

作り方：鍋に日本酒を入れ、火にかける。煮立ったら出汁と生麩を加える。再び煮立ったらトマトと味噌を加えて火を止める。椀にアボカドを盛り、味噌汁をよそって、オリーブオイルをたらす。

5月26日

朝からご機嫌だったので、香川のそら豆をむいて、ピュレまで作りました。ピュレの半分は白味噌と合わせて溶きのばしてお汁に、残りは上からとろ〜り。そら豆大好き！ほんのりくぐもったような緑色も愛おしく映ります。

具材：塩ゆでそら豆、油揚げ
出汁と味噌：昆布水出汁、日本酒、岡山の白味噌

作り方：フードプロセッサーに少量の出汁と薄皮をむいたそら豆を入れ、ピュレ状にし、半量を白味噌と合わせる。鍋に日本酒を入れ、火にかける。煮立ったら出汁と油揚げとそら豆を加えて軽く煮、白味噌と合わせたそら豆のピュレを加えて火を止める。椀に味噌汁をよそい、残りのピュレをとろりとかける。

＊ピュレの目安：大さじ3

味噌汁をもっと楽しむために〜出汁

お味噌汁を作るとなると、「まずは出汁をひかなくては」という思いが億劫にさせるという話をよく聞きます。ほぼ毎朝、お味噌汁からスタートする私は、わざわざ出汁をひくということがほぼありません。時間のない朝に、それは無理なこと。ならば、とはじめたのが、細切り昆布や煮干しをひと晩水に浸しておく、水出汁。これを冷蔵庫にストックしておけば、具材を切るくらいであっという間に完成。ここでは、私が日々助けられている、簡単出汁をご紹介します。これさえ仕込んでおけば"朝のひと椀"は、ごく自然に日課になることと思います。

a. 昆布水出汁

我が家の冷蔵庫にこれは欠かせません。1ℓのお茶用ポットに10gの細切り昆布を入れて冷蔵庫で半日からひと晩。それだけでいいのです。毎朝のお味噌汁作りにはもちろん、フレンチ、イタリアン、エスニックが中心の料理教室にも、この昆布水出汁が欠かせません。一枚昆布でとる出汁よりも、細く切ることで、今までの半分の量で十分に旨味が抽出できるのもいいところ。お茶用ポットに入れ、昆布が水に浸かっている状態で冷蔵庫に入れて、1週間程度保存可能です。水出しした後の昆布は、佃煮に。お弁当のおかずやおにぎり、お茶請けなどいろいろ使えて便利ですし、何よりおいしいのです。

■株式会社 天満大阪昆布
　大阪府大阪市北区天神橋1-13-8　Tel.06-6356-8447

＊細切り昆布の佃煮の作り方
小鍋に水出しした後の昆布を入れ、ごま油、オリーブオイルなど、好みの油で炒める。全体に油がまわったら酒を加え、ひと煮立ちしたら昆布水出汁、または水をひたひたに加え、醤油や味噌、または梅肉や塩昆布など味出しになるものを加える。汁気がなくなったらすりごまや粉鰹、塩漬け紫蘇の実など、アクセントになるものを好みで加え、火を止める。密閉容器に入れ、冷蔵庫で4〜5日間保存可。

b. 煮干し水出汁

こちらも欠かせないもの。同じく1ℓのお茶用ポットに10尾ほどの煮干しを入れて冷蔵庫でひと晩から1日。煮干しも具材のひとつとして、一人2尾くらいの見当で加えれば捨てるところなしです。柿太さんの氷見いわし極上煮干しに出合うまで、私は煮干し出汁が苦手でした。頭とワタを取り、軽く煎ってひと晩水につけるも、生臭みを感じたり、塩っぽさが気になったり。初めておいしいと思った、柿太さんの煮干しは、出汁をとるときに頭もワタもそのまま。煎らなくても大丈夫。水出しでも旨味は十分、煮出してもくどくないという万能選手です。野菜やお揚げさんとの相性はもちろんのこと、根菜との取り合わせが大のお気に入りです。

■有限会社柿太水産
富山県氷見市北大町3-37　Tel. 0766-74-0025

d. 野菜のゆで汁

野菜のゆで汁も捨てずに冷蔵保存します。野菜のおいしい出汁が立派に出ているゆで汁を捨てるなんて、もったいない。じゃがいも、ブロッコリー、アスパラガス、キャベツのゆで汁には旨味がいっぱい。出汁に使うことを前提として、昆布水出汁で野菜をゆでれば、野菜はよりおいしく色鮮やかにゆで上がり、ゆで汁も出汁として使えます。甘く、やわらかな風味のやさしいお出汁は、どんな素材ともよく合います。野菜によってはアクの強いものもありますが、捨てる前に必ず味見をする習慣をつけてみてくださいね。

c. 半干し椎茸出汁

干し椎茸の水出汁を、お味噌汁に使うのは私にとって少し難しく、まだ仲良しになれていません。原木椎茸を半干しにして使うようにしてみたところ、これがなかなかいい感じに。石づきは落とし、軸は手でさき、笠の部分は丸ごとだったり、細く切ったり、四つ割にしたり。半干しにしたところで冷凍します。干す＝太陽の力で旨味が増し、冷凍することで細胞が壊れるため、旨味が出やすくなるのです。もどす必要はなく、そのまま水といっしょに鍋に入れて加熱するだけ。旨味は抜群、香りは穏やかな仕上がりになります。椎茸は原木が望ましいです。

summer 夏

夏こそ朝のひと椀で、体をあたため、野菜をたっぷり摂りましょう。

お味噌汁は暑い季節を乗りきる元気の素。とはいっても外出前に大汗を流すのは考えもの。ちょうどいい、いただき頃に仕上げるのが夏のひと椀の工夫です。

チーズやトマト、きゅうり、葉野菜といった加熱不要の具材を選んで椀に盛り込み、熱いお味噌汁を注ぐ。

これが私の夏スタイル。

トマトやアボカドなど、白味噌、チーズ、オリーブオイルを合わせた組み合わせ！

アヴァンギャルドと名付けたお味噌汁が頻繁に登場するのもこの季節の恒例です。

焼きなすとアボカド、パプリカ

材料 1〜2人分
焼きなす 1本分
アボカド 1/2個
煮干し水出汁 1カップ
白味噌 35〜40g
パプリカ(みじん切り) 少々

作り方
1 焼きなすは3等分くらいに切る。アボカドは大きめのひと口大に切る。ともに椀に盛る。
2 鍋に出汁を入れ、火にかける。フツッとしたら白味噌を加えてひと煮する。
3 1の椀に2を注ぎ入れ、パプリカをのせる。

アボカドとカッテージチーズ

材料 1〜2人分
アボカド　1/2個
カッテージチーズ
　大さじ1〜2
昆布水出汁　1カップ
白味噌　35〜40g
紫玉ねぎ(みじん切り)　小さじ1
あけがらし　適量

作り方
1　アボカドはくし形に切って椀に入れる。
2　鍋に出汁を入れ、火にかける。フツッとしたら白味噌を加えてひと煮する。
3　1の椀に2を注ぎ入れ、カッテージチーズと紫玉ねぎを散らして、あけがらしをあしらう。

6月1日

海辺で過ごす週末のために、てるてる坊主の照ちゃんをつるしました。見事、天気予報を覆してくれた照ちゃんに、まずは「ありがとう」とお礼を伝え、友人が海辺で採ってくれたわかめで、旅の思い出のひと椀を作ってみました。

具材：油揚げ、わかめ
吸口：細ねぎ、黒七味
出汁と味噌：昆布水出汁、煮干し水出汁、日本酒、米味噌(赤)

作り方：鍋に日本酒を入れ、火にかける。煮立ったら昆布水出汁と煮干し出汁を煮干しごと加える。煮立ったら油揚げとわかめを加えてひと煮し、火を止めて味噌を加える。椀によそい、細ねぎを散らして黒七味をふる。

6月2日

先週末に訪ねた農園の新玉ねぎ。本当は主役でどど〜ん！ のイメージだったのですが、先週訪ねた和田山ありがとんぼ農園さんの自家焙煎麦茶の麦も捨てられず、雑穀をゆでたと思えば、これも具材だわ！ とひらめき、投入。結果、大正解でした。

具材：麦茶の出し殻、新玉ねぎ、うすいえんどう、ゆでとうもろこし
吸口：生姜
出汁と味噌：とうもろこしのゆで汁、昆布水出汁、米味噌(赤)、白味噌

作り方：鍋にとうもろこしのゆで汁と出汁、麦茶の出し殻、玉ねぎを入れ、火にかける。煮立ったらうすいえんどうととうもろこしを加え、やわらかくなるまで煮、火を止めて味噌を加える。椀によそい、生姜を添える。

6月3日

昨日、パスタをゆでた昆布水出汁が捨てられなくて、それでじっくり新玉ねぎを炊いてみました。まあ、なんて美人ちゃんに仕上がったのでしょう！ヤッホーな気分で1日をはじめられます。体がポカポカと温まり、思わず長袖シャツを脱ぎました。

具材：新玉ねぎの丸ごと煮、うすいえんどう煮浸し
吸口：生姜
出汁と味噌：昆布水出汁のパスタゆで汁、新玉ねぎの煮汁、米味噌(赤)

作り方：鍋にパスタのゆで汁、新玉ねぎの煮汁、中心を軽くくり抜いてうすいえんどうの煮浸しを詰めた玉ねぎ丸ごと煮を入れ、火にかける。玉ねぎが温まったら火を止め、味噌を加える。椀によそい、あられ切りにした生姜を散らす。

＊あられ切り＝5mm大の角切り

6月4日

今日の主役は新潟魚沼のアスパラガス。これはいつも行くお店で、生産者さんの名前入りで販売されているもの。フレンチでもイタリアンでもスパニッシュでもベルジアンでも、アスパラガスと卵を取り合わせた料理が大好き。和のお味噌汁でもすばらしいハーモニーを奏でてくれました。

具材：グリーンアスパラガス、半熟卵、ブロッコリーのスプラウト
出汁と味噌：うすいえんどうの浸し汁、昆布水出汁、米味噌(赤)、高知の麦味噌

作り方：鍋にうすいえんどうの浸し汁と出汁を入れ、火にかける。温まったらアスパラガスを加えてひと煮する。火を止めて味噌を加え、椀によそって半熟卵とブロッコリーのスプラウトを盛る。

6月5日

二番煎じと言わないで！ 玉ねぎ丸ごと煮がまだあるんです。半熟卵は昨日の作り置き。スプラウトは試作の残り。今日は赤味噌との相性を試したかったのです。

具材：新玉ねぎ丸ごと煮、半熟卵、スプラウト
吸口：黒胡椒、オリーブオイル
出汁と味噌：新玉ねぎ丸ごと煮の煮汁、昆布水出汁、米味噌(赤)

作り方：鍋に新玉ねぎ丸ごと煮の煮汁、出汁、新玉ねぎ丸ごと煮の中心をくり抜いて入れ、火にかける。玉ねぎが温まったら椀に取り、中心に半熟卵を入れる。火を止め、味噌を加える。椀によそい、スプラウトを添えて黒胡椒をふり、オリーブオイルをたらす。

6月6日

新玉ねぎ丸ごと煮でオニオングラタン風味噌汁。甘みを引き締めるは、八丁味噌パウダーとプロヴァンスのタプナード。おいしくって顔がにやけちゃってます。

具材：新玉ねぎ丸ごと煮、モッツァレラチーズ、タプナード
吸口：八丁味噌パウダー、オリーブオイル
出汁と味噌：新玉ねぎ丸ごと煮の煮汁、干し椎茸水出汁、米味噌(淡)、岡山の白味噌

作り方：新玉ねぎ丸ごと煮の中心を軽くくり抜き、モッツァレラチーズとタプナードを交互に詰める。オーブントースターでチーズが溶けて焼き目がつくまで焼き、椀に盛る。鍋に新玉ねぎ丸ごと煮の煮汁、出汁を入れ、火にかける。煮立ったら火を止め、味噌を加える。椀に注ぎ、八丁味噌パウダーをふり、オリーブオイルをたらす。

6月8日

アヴァンギャルドの原点に戻ってみました。うーん、本当においしいんです、この取り合わせ。今度のワークショップでもアヴァンギャルド味噌汁、作りますよ〜。

具材：ミニトマト、モッツァレラチーズ
吸口：パルミジャーノレッジャーノチーズ、オリーブオイル
出汁と味噌：昆布水出汁、岡山の白味噌

作り方：鍋に出汁を入れ、火にかける。温まったら味噌とトマトを加えて火を止める。モッツァレラチーズを椀にちぎり入れて汁を注ぎ、パルミジャーノチーズをふってオリーブオイルをたらす。

6月9日

渾身のひと椀……ではなく、やや消化試合的なはずだったのですが、なんてことでしょう!! 長芋のとろシャク感にパルミジャーノの旨味がからまる。ねぎと四万十の青海苔の香りがピシッと引き締める。おいしい、コレ いいですよ! お味噌とチーズってすごい。

具材：出し殻の干し椎茸、長芋
吸口：細ねぎの根元、青海苔、パルミジャーノレッジャーノチーズ
出汁と味噌：昆布水出汁、米味噌(赤)、白味噌

作り方：鍋に出汁、出し殻の干し椎茸、長芋を入れ、火にかける。温まったら火を止め、味噌を加える。椀によそい、細ねぎと青海苔を散らしてチーズをふる。

6月11日

今朝の一杯。普通って声が聞こえてきそう。王道も大好きで、無理くり何でもアヴァンギャルドに仕立てているわけではありません。お豆腐の昆布〆を試作したので、今朝の一杯のために少しとっておきました。お味噌汁に加えると昆布の風味が出汁にうつって、ええ塩梅。

具材：木綿豆腐の昆布〆、わかめ
吸口：細ねぎの根元、一味唐辛子
出汁と味噌：干し椎茸水出汁、米味噌(赤)

作り方：鍋に出汁、豆腐を入れ、火にかける。煮立ったらわかめを加えて火を止め、味噌を加える。椀によそい、細ねぎをあしらい、一味をふる。

6月12日

今朝はごぼうをゴロゴロにして使うって決めていました。一昨日は薄いスライスにしましたが、良さを最大限に引き出せなかったと反省。で、切りながら生で食べてビックリ!! ものすごーく甘いんです。10cmほど残ったので、すりおろしも加えてみました。

具材：ごぼう、油揚げ、蒸しとうもろこし
吸口：生姜、八丁味噌パウダー
出汁と味噌：干し椎茸と昆布水出汁、米味噌(赤)

作り方：鍋に出汁とごぼうを入れ、火にかける。温まったら油揚げ、とうもろこし、すりおろしたごぼうを加えてひと煮し、火を止めて味噌を加える。椀によそい、生姜のせん切りをあしらい、八丁味噌パウダーをふる。

6月13日

忙しい朝はコレ！ マグカップ味噌汁。今日は昆布とオリーブオイルの旨味のワークショップなので荷物を車に積み込んですぐ出発です。慌ただしい朝も、こんな一杯があれば心も体もホッと緩みます。

具材：乾燥わかめ、本枯れ節 削り鰹、自家製小梅漬け、巻麸
吸口：細ねぎ
出汁と味噌：昆布水出汁、米味噌（淡）

作り方：すべての材料をマグカップに入れ、温めた昆布水出汁を注いで完成。

6月16日

初めての調理実習、覚えていますか？ 記憶のキャパが少ないワタクシですが、あの日の風景を時折思い出します。献立は目玉焼き、男爵いもの粉ふきいも、わかめのお味噌汁だったと思う。特別なエピソードはないけれど、今でもふと作りたくなります。粉ふきいもを昆布水出汁でゆでると、とびきりおいしくなるんです。

具材：粉ふきいも、新玉ねぎ、甘長唐辛子
出汁と味噌：昆布水出汁、日本酒、米味噌（赤）

作り方：鍋に日本酒を入れ、火にかける。煮立ったら出汁、粉ふきいも、玉ねぎを加えて煮る。玉ねぎがやわらかくなったら甘長唐辛子を加え、再び煮立ったら火を止めて味噌を加える。

6月17日

今月の料理教室で毎回余る長芋。これの展開が今月のミッションです。今朝は落とし卵と合わせたくて夕べからワクワクしていました。トロトロした卵黄だけだとチョット苦手なので何かメリハリのある素材と合わせるようにしています。今日は粗くおろした長芋を。

具材：卵、春菊、長芋
吸口：細ねぎ
出汁と味噌：本枯れ節 削り鰹、昆布水出汁、日本酒、米味噌(赤)

作り方：鍋に日本酒を入れ、火にかける。煮立ったら出汁を加え、再び煮立ったら卵を割り入れ、好みの加減に火を入れ、春菊も加える。椀に削り鰹を入れ、卵を盛りつける。鍋に長芋をおろし入れ、軽く煮て火を止める。味噌を加え、椀によそって細ねぎを散らす。

6月18日

料理教室で少しずつ余る長芋は飽きてくるし、とうもろこしは少々甘みが強いのでカレー粉でアクセントをつけてみました。わからない程度にカレー粉を加えるのがコツ。ほんのりスパイシーな味わいです。

具材：長芋、蒸しとうもろこし、甘長唐辛子
吸口：イタリアンパセリ、パルミジャーノレッジャーノチーズ
出汁と味噌：昆布水出汁、米味噌(淡)、カレー粉

作り方：鍋に出汁、角切りにした長芋を入れ、火にかける。煮立ったら蒸しとうもろこしと甘長唐辛子を加えてひと煮し、火を止める。味噌とカレー粉を合わせて加え、椀によそって、イタリアンパセリを散らし、チーズをふる。

6月20日

調子にのって またまたカレー粉をIN！今回は米赤味噌との相性を検証。とうもろこしが沈んじゃってますが、やっぱり、とうもろこしとカレーとお味噌、最高。チーズも効いてます。赤味噌とカレーの相性もバツグンです。

具材：ズッキーニ、新玉ねぎ、ピーマン、蒸しとうもろこし
吸口：オリーブオイル、パルミジャーノレッジャーノチーズ
出汁と味噌：昆布水出汁、米味噌（赤）、カレー粉

作り方：鍋にオリーブオイルをひき、ズッキーニを焼く。出汁と新玉ねぎを加えて煮、やわらかくなったら、ピーマンと蒸しとうもろこしを加える。再び煮立ったら火を止め、カレー粉と合わせた味噌を加える。椀によそい、オリーブオイルを数滴落としてチーズをふる。

6月21日

久しぶりに自宅での休日。滅多に座ることのないソファでくつろいでます。朝から茶浴。体ポカポカ、シャンプーも石鹸も休日仕様の香りでさらにリラックス。さてさて休日のひと椀には、カレー粉をぐっと我慢。でも、やっぱり入れたらよかったかも!?

具材：ゆで白花豆、ズッキーニ、蒸しとうもろこし
吸口：パルミジャーノレッジャーノチーズ
出汁と味噌：昆布水出汁、米味噌（赤）

作り方：鍋にオリーブオイルをひき、角切りにしたズッキーニを炒める。焼き目がついたら出汁、ゆで白花豆、蒸しとうもろこしを加え、煮る。野菜に火が通ったら火を止め、味噌を加える。椀によそい、チーズをふる。

6月22日

昨夜、父のために作った鱧の落とし。そのアラを焼いて出汁をひきました！　残念ながら御本体は夕べ完食。でも十分おいしいハズ。名古屋で購入した八丁味噌は豆が粒々でおいしそう。心を込めて、すり鉢でスリスリしました。父の日に使った名残の素材でのひと椀でした。

具材：わかめ、うずまき麸、
吸口：山椒粉
出汁と味噌：活け鱧アラ、昆布水出汁、日本酒、豆味噌

作り方：鱧のアラをこんがり焼き、鍋に入れ、日本酒を加えて火にかける。煮立ったら出汁を加える。再び煮立ったらわかめを加えて火を止め、味噌を加える。椀にうずまき麸を入れ、味噌汁をよそい、山椒をふる。

6月23日

実はちょっと苦手食材のツルムラサキ。この青い香りは、ふうわり甘く炊いたお揚げさんとトッピングの生姜、あけがらしでバランスとれるハズと読んだ。うん、やっぱり！　ネバネバと緑で元気をチャージ。

具材：ツルムラサキ、油揚げの含め煮
吸口：生姜、あけがらし
出汁と味噌：昆布水出汁、日本酒、米味噌(赤)

作り方：鍋に日本酒を入れ、煮立ったら出汁を注ぐ。再び煮立ったらツルムラサキを入れ、火が通ったら椀に取り出す。油揚げを加えてひと煮し、火を止めて味噌を加える。椀によそい、生姜のせん切りとあけがらしを添える。

6月24日

昨日のオリーブオイルワークショップの〆は、もちろんアヴァンギャルド味噌汁！デモンストレーション時の皆さんの表情と、召し上がっていただいた後の表情の変化がたまらない。今朝はその残ったミニトマトとチーズで。

具材：黄ズッキーニ、ゆで白花豆、ミニトマト、モッツァレラチーズ
吸口：イタリアンパセリ、オリーブオイル、パルミジャーノレッジャーノチーズ
出汁と味噌：昆布水出汁、岡山の白味噌

作り方：鍋にオリーブオイルを熱し、ズッキーニを焼く。出汁と白花豆を加え、煮立ったらトマトを加えて火を止め、味噌を加える。椀にモッツァレラチーズをちぎり入れ、味噌汁をよそい、イタリアンパセリとパルミジャーノチーズを散らして、オリーブオイルを数滴たらす。

6月25日

7月の料理教室試作がはじまっています。主役となる野菜は、懐かしい思い出がたくさんある青瓜に決定。来月の残り野菜のミッションは青瓜の使い回しだなぁ。瓜と生姜の香りの夏のひと椀。煮干しの味わいが、なんともいえない旨味をかもし出してます。

具材：油揚げの含め煮、青瓜
吸口：生姜
出汁と味噌：昆布水出汁、煮干し水出汁、日本酒、米味噌(赤)

作り方：鍋に日本酒を入れ、火にかける。煮立ったら出汁と油揚げ加える。再び煮立ったら青瓜を加えてひと煮し、火を止めて味噌を加える。椀によそい、生姜のせん切りを添える。

6月26日

6月も終盤。新しい月を迎えるために冷蔵庫整理したひと椀。お椀の中では新旧の大豆が仲良くしています。偶然にも、夏に摂りたい薬膳素材もしっかり入ってます。季節に寄り添って暮らしていると、食卓も自然とそうなるものなんですね。

具材：モロヘイヤ、新玉ねぎ、青瓜、ゆで枝豆、ゆで白花豆
吸口：七味唐辛子
出汁と味噌：白花豆のゆで汁、昆布水出汁、米味噌(赤)

作り方：鍋に白花豆のゆで汁と出汁を入れ、火にかける。煮立ったらモロヘイヤをさっとくぐらせて椀に盛る。玉ねぎを加え、やわらかくなったら青瓜を加えてひと煮する。枝豆、白花豆を加え、煮立ったら火を止めて味噌を加える。椀によそい、七味をふる。

/夏 /summer/

6月30日

湿度が高くてモヤモヤ〜。そんな日のひと椀にカレー粉IN。今日は名古屋の方が打ち合わせに来られるので敬意を表して豆味噌を選びました。ツルムラサキを加えると出汁に青臭さが移るのですが、そこは味噌とカレー粉、チーズでカバー。

具材：ツルムラサキ、温泉卵
吸口：パルミジャーノレッジャーノチーズ
出汁と味噌：じゃがいものゆで汁、愛知の豆味噌、カレー粉

作り方：鍋にじゃがいものゆで汁を入れ、火にかける。煮立ったらツルムラサキの茎を加えてひと煮し、葉もさっとくぐらせて椀に取り出す。火を止め、味噌とカレー粉を合わせて加える。椀に温泉卵を盛り、味噌汁を注いでチーズをふる。

7月1日

神戸は横なぐりの強い雨。明日からの教室準備で駆け回らないといけない1日なので今朝はご褒美味噌汁。アレ？ ご褒美は終わってからなのかな。ですが、みんな残りモノ。いや、このために残していたかも!?アヴァンギャルド豪華版です。

具材：ズッキーニ、フルーツトマト、アボカド、モッツァレラチーズ
吸口：オリーブオイル
出汁と味噌：昆布水出汁、岡山の白味噌

作り方：鍋にオリーブオイルを熱し、ズッキーニを焼く。出汁を入れ、煮立ったらトマトを加えてひと煮し、火を止めて味噌を加える。椀にアボカドとちぎったモッツァレラチーズを入れ、味噌汁をよそい、オリーブオイルを数滴たらす。

7月3日

豆味噌強化週間、はじめます。まずは間違いない組み合わせから。なすの油焼きに使ったオイル。さて、何でしょう？ 生姜はおろしたほうがよかったかなと思いました。

具材：なす
吸口：細ねぎ、生姜
出汁と味噌：じゃがいものゆで汁、昆布水出汁、豆味噌

作り方：鍋に油を熱し、なすをじっくり焼く。焼き目がついたらじゃがいものゆで汁と出汁を注ぎ入れる。軽く煮立ったら火を止め、味噌を加える。椀によそい、細ねぎとせん切りにした生姜を添える。

7月4日

豆味噌強化週間2日目。カリカリベーコンを使ったお味噌汁を！ とのリクエストをいただいたので、さっそく挑戦。昨日、焼きなすも作っておいたので、ダイナミックにヘタごとIN。あ、昨日のオイルは……ココナツオイルでした。

具材：焼きなす、ベーコン
吸口：イタリアンパセリ、黒胡椒
出汁と味噌：昆布水出汁、日本酒、豆味噌

作り方：鍋にオリーブオイル少々を熱し、ベーコンをカリカリに焼いて取り出す。同じ鍋に日本酒を入れ、火にかける。煮立ったら出汁を注ぐ。再び煮立ったら火を止めて味噌を加える。椀に焼きなすを盛り付け、味噌汁を注ぎ入れる。イタリアンパセリとベーコンを添え、黒胡椒をひく。

7月6日

実家で作った鱧の落としを、例のごとくアラだけ持ち帰り、アラの焼き出汁をひきました。豆味噌には魚介！ やはり揺るぎない。生姜以外、昨日の夕ごはんの余り。残りモノがごちそうになる!! やっぱりお味噌汁は素晴らしい。

具材：焼きなす、小松菜、
吸口：細ねぎ、生姜
出汁と味噌：鱧の焼きアラ、昆布水出汁、日本酒、豆味噌

作り方：鍋に鱧の焼きアラと日本酒を入れ、火にかける。煮立ったら、出汁を加えてじっくり煮る。小松菜をさっとくぐらせて椀に盛り、火を止めて味噌を加える。椀に焼きなすを盛り、味噌汁を鱧ごとよそい、細ねぎとおろし生姜を添える。

＊夏場なので、なすは温めずに椀に盛り込むとよい。

7月7日

豆味噌強化週間続いています。七夕をテーマにというリクエストもあったので、星を散らしてみました。7色は揃えられなかったんですが、お願いごと叶うかしら？ 昨日の鱧で確信。やはり豆味噌には魚系、濃いめの煮干し出汁が合いますな。じゃがいもは昆布水出汁でゆでました。

具材：人参、オクラ、素麺
吸口：生姜
出汁と味噌：じゃがいものゆで汁、煮干し水出汁、日本酒、豆味噌

作り方：鍋に日本酒を入れ、火にかける。煮立ったらじゃがいものゆで汁と出汁、あられ切りにした人参を加えて煮る。人参がやわらかくなったらオクラを加えてさっと煮る。火を止め、味噌を加える。椀にゆでた素麺を盛り、味噌汁をよそい、あられ切りにした生姜を添える。

7月8日

豆味噌強化週間ではありますが、ちょっと数日お休みをいただきます。来週火曜日のテレビ用メニューの試作中。今日はこちらです。夏は、ネバトロ野菜がいいですね〜。

具材：オクラ、半熟卵
出汁と味噌：まぐろ削り節、昆布水出汁、日本酒、米味噌（赤）

作り方：鍋に日本酒を入れ、火にかける。煮立ったら出汁を加え、再び煮立ったらオクラを加えて火を止め、味噌を加える。椀に削り節を入れ、味噌汁をよそって卵をのせる。

7月10日

引き続き、今朝もテレビ用の試作。あー、みょうがの香り、シャキシャキ感、夏です、夏！ お椀の中に四季があるお味噌汁ってすばらしい〜〜。

具材：甘長唐辛子、なす
吸口：みょうが
出汁と味噌：昆布水出汁、米味噌（淡）

作り方：フライパンにごま油を熱し、甘長唐辛子となすを炒める。焼き目がついたら出汁を加える。煮立ったら火を止め、味噌を加える。椀によそい、みょうがを添える。

7月11日

豆味噌強化週間まだまだ続いています。ちょっと大人っぽいひと椀。少しずつ豆味噌さんとお近づきになってきているような気がします。梅の酸味とお味噌の酸味がよく合いました。お味噌汁で毎日発見があり、ワクワク！

具材：堅豆腐のごま油焼き、出し殻昆布の梅当座煮
吸口：大葉
出汁と味噌：昆布水出汁、日本酒、豆味噌

作り方：鍋に日本酒を入れ、火にかける。煮立ったら出汁を加え、再び煮立ったら堅豆腐を加えて軽く煮る。火を止め、味噌を加える。椀に味噌汁をよそい、梅当座煮と大葉のせん切りを添える。

7月17日

雨の降り続く神戸です。まだ台風の渦中にある地域、雨の降り続く地域……大きな被害が出ませんようにと祈るばかりです。教室で残った明石の蛸を使ったひと椀。蛸の風味と赤味噌が合う！　シャキシャキの生姜はきれいで清々しく、おいしい！　生姜の里、四万十も被害なく、よかった。

具材：甘長唐辛子、ゆで蛸
吸口：生姜
出汁と味噌：昆布水出汁、日本酒、米味噌（赤）

作り方：鍋にごま油を熱し、甘長唐辛子を焼く。焼き目がついたら日本酒を加え、煮立ったら出汁と蛸を加えてひと煮する。火を止め、味噌を加える。椀によそい、生姜のせん切りを添える。

7月21日

お味噌汁復活委員会の初イベント「みんなでつなげようお味噌汁の輪」、無事に終了して、ほっとする朝。遠くからも、まさかのサプライズ参加があり、本当に嬉しくて泣きそうでした。田舎味噌でほっこりをイメージしていたのですが、どうしても白味噌がいただきたくなり……。

具材：ズッキーニ、甘長唐辛子、油揚げの当座煮、細ねぎ
出汁と味噌：昆布水出汁、日本酒、岡山の白味噌

作り方：鍋にオリーブオイルを熱し、ズッキーニと甘長唐辛子を焼く。焼き目がついたら日本酒を加え、煮立ったら出汁と油揚げを加えて軽く煮る。火を止めて味噌を加え、椀によそってねぎを添える。

7月22日

今朝の一杯は小さく切ってみました。ちっちゃっ〜！ ほどほどができないのかな、まったく！ 今朝はカラフルな7色。だってお題は「rainbow－虹」。今朝の虹、ダブル×2だったらしく、レインボー味噌汁を作ってとのリクエストいただきました。焼きなす、枝豆は夕べのおかず。

具材：焼きなす、ズッキーニ、ピーマン、ミニトマト、枝豆
吸口：生姜、黒ごま
出汁と味噌：昆布水出汁、日本酒、米味噌(赤)

作り方：鍋に日本酒を入れ、火にかける。煮立ったら出汁を加え、再び煮立ったら火を止め、味噌を加える。椀に焼きなすを盛り味噌汁を注ぐ。あられ切りにした野菜類を添え、あられ切りの生姜と黒ごまを散らす。

7月24日

六甲山に張り付くような我が家は、この季節、明け方にウグイス、7時を回るとクマゼミ、しばらくするとミンミンゼミ、夕方にヒグラシ、夜は虫の音……と、春から秋が1日に訪れるんです。海辺へと出かける週末に向け、照ちゃん（てるてる坊主）をつるしたら、さっそく夏空！　で、夏といえば……のひと椀、焼きなすの赤味噌仕立て。

具材：焼きなす、細ねぎ
吸口：生姜
出汁と味噌：昆布水出汁、日本酒、仙台の米味噌

作り方：鍋に日本酒を入れ、火にかける。煮立ったら出汁を加え、再び煮立ったら細ねぎを加え、火を止めて味噌を加える。椀に焼きなすを盛り、味噌汁をよそっておろし生姜を添える。

7月25日

夏休みの課題、その1―小さく切ってみよう vol.1。普通の大きさを心がけました。含め煮の煮汁がやや甘めなので生姜で締めます！　何ともほっこりした気分にさせてくれる麦味噌の風味。久しぶりの土曜日の休日、のんびりいこ〜〜！

具材：黄ズッキーニ、ピーマン、油揚げの当座煮、枝豆の当座煮
吸口：生姜
出汁と味噌：枝豆の当座煮の煮汁、昆布水出汁、高知の麦味噌

作り方：鍋にオリーブオイルを熱し、黄ズッキーニとピーマンを焼く。焼き目がついたら枝豆の当座煮の煮汁と出汁を加え、煮立ったら油揚げも加えて軽く煮る。枝豆を加えて火を止め、味噌を加える。椀によそい、あられ切りの生姜を添える。

7月29日

高知に出張中。今日はお味噌汁なし。自分で作るお味噌汁が懐かしくて……のいつかのお味噌汁。帰宅後の朝が楽しみ。アヴァンギャルド味噌汁、飲みたい〜！

具材：ズッキーニ、ミニトマト、モッツァレラチーズ
吸口：細ねぎ、オリーブオイル
出汁と味噌：昆布水出汁、日本酒、岡山の白味噌、米味噌(淡)

作り方：鍋に日本酒を入れ、火にかける。煮立ったら出汁を加え、再び煮立ったらズッキーニとトマトを加える。火を止め、味噌を加える。椀にモッツァレラチーズをちぎり入れ、味噌汁をよそい、細ねぎを散らしてオリーブオイルを数滴たらす。

8月1日

夏に熱いお味噌汁をいただいて汗をたっぷり流すのも気持ちいいけれど、お出かけ前はちょっとね。そんなときにはサラダ味噌汁！　お椀にサラダリーフや具材を入れてからお味噌汁を注ぐので、温度が下がっていい塩梅。爽やかな仕上がりで気分も上がります。

具材：サラダリーフ、半熟卵
吸口：細ねぎ、黒すりごま
出汁と味噌：昆布水出汁、日本酒、白味噌

作り方：鍋に日本酒を入れ、火にかける。煮立ったら出汁を加え、再び煮立ったら味噌を加えて火を止める。椀にサラダリーフを入れ、味噌汁を注いで半熟卵と細ねぎをのせて黒すりごまを散らす。

8月4日

朝から蝉がシャンシャン鳴いています。教室用の鶏ブイヨンをひいた後の具材とごぼうでのひと椀。野菜の甘みが思った以上に出ていましたが、新生姜が爽やかにまとめてくれました。ちょっぴり恥ずかしそうに紅に染まった新生姜、初々しいな。

具材：間引きごぼう、玉ねぎ、人参、セロリ、鶏手羽開き
吸口：細ねぎ、新生姜、七味唐辛子
出汁と味噌：昆布水出汁、日本酒、仙台の米味噌、白味噌

作り方：鍋に日本酒を入れ、火にかける。煮立ったら出汁とごぼうを加えて煮る。ごぼうがやわらかくなったら残りの具材を加えてひと煮し、火を止めて味噌を加える。椀によそって細ねぎと新生姜をあしらい、七味をふる。

8月7日

熱帯夜の昨夜、エアコンなしに挑戦してみました。が、予想どおりの寝不足。シャキッとしたくてアヴァンギャルド味噌汁をスープっぽく作ってみました。フルーツトマトの酸味とパルミジャーノがスープ感をよりアップ。新生姜はちょっと微妙でした〜。

具材：ズッキーニ、フルーツトマト、モッツァレラチーズ
吸口：バジル、パルミジャーノレッジャーノチーズ、新生姜、オリーブオイル
出汁と味噌：昆布水出汁、岡山の白味噌

作り方：鍋に出汁を入れ、火にかける。煮立ったらズッキーニを加えて軽く煮、味噌を加えて火を止める。椀にちぎったモッツァレラチーズとトマトを入れ、味噌汁をよそう。バジルとあられ切りにした新生姜、パルミジャーノチーズを散らし、オリーブオイルをたらす。

8月8日

15年間、教室に通ってくれていた生徒さんが香川にお引っ越しされ、さみしいなぁと思っていましたが、昨日、久しぶりに夏の特別レッスンに参加くださいました。お土産には私の大好きなトロトロでクリーミーな三豊なす！早速、教室のメニューに加えて皆で楽しみました。

具材：なす
吸口：新生姜
出汁と味噌：昆布水出汁、日本酒、麦味噌

作り方：鍋にごま油をひき、なすをこんがり焼き付ける。日本酒を入れ、煮立ったら出汁を加えて軽く煮、火を止めて味噌を加える。椀によそい、新生姜をあしらう。

8月10日

冷蔵庫の中を片付けなければならない。あー、ひとつしか胃袋はないことがうらめしい。食べ過ぎて体調くずしたら元も子もないんだけれど、ギリギリまで工夫してみた。結果、京丹後自然耕房あおきの男爵芋と煮干しがよく合う！　お味噌汁で食欲全開。おかげで夏バテ知らずです。

具材：じゃがいも、わかめ、半熟卵
吸口：黒七味
出汁と味噌：じゃがいものゆで汁、煮干し水出汁、昆布水出汁、日本酒、米味噌（赤）

作り方：鍋に日本酒を入れ、火にかける。煮立ったらじゃがいものゆで汁、出汁、じゃがいもを加える。じゃがいもがやわらかくなったら、もどしたわかめを加えて火を止め、味噌を加える。椀によそい、半熟卵を添えて黒七味をふる。

8月12日

前から挑戦したくて、でも、勇気がなくてできなかった取り合わせ。夏休みの課題、と思い切りました。納豆汁。納豆歴、15年目にして初のひと椀。鍋で煮るか否か悩みましたが、加熱しないほうを選択。それがよかったのか、辛味味噌のおかげか、はたまた梅干しか？　とにかく、大成功。

具材：小粒納豆、細ねぎ
吸口：自家製梅干し、辛味味噌
出汁と味噌：昆布水出汁、日本酒、米味噌（淡）

作り方：納豆はよく混ぜて椀に入れる。鍋に日本酒を入れ、火にかける。煮立ったら出汁を加えてひと煮し、味噌を加えて火を止める。細ねぎを加えてから椀によそい、梅干しと辛味味噌をあしらう。

8月17日

夕方から雨だったからか、幾分か涼しくなったので、昨夜はエアコンなし。疲れもあって泥のように眠りました。そんな翌朝の一杯は、少し残っていた枝豆のスープを昆布水出汁でのばし、白味噌仕立てに。今日は朝から湿度が高いので、お味噌汁パワーで乗りきらなくっちゃ。

具材：うずまき麩
吸口：細ねぎ、黒胡椒
出汁と味噌：枝豆のスープ、昆布水出汁、岡山の白味噌

作り方：鍋に枝豆のスープと出汁を入れ、火にかける。煮立ったら火を止め、味噌を加える。椀に麩を入れ、味噌汁を注ぐ。細ねぎを散らし、黒胡椒をふる。

8月18日

ピーマンをお味噌汁に？？？　葉野菜が少なくなる盛夏、ピーマンは有難い緑黄色野菜。ただ、独特の香りがチョット気になります。でも大丈夫!!　焦げ目がつくくらい素焼きするか、油でソテーすれば香りが和らぎ、とってもいいお味噌汁の具材になります。加熱するとかさが減るので、たっぷりいただけるのも嬉しい。今日はごま油で炒めてみました。オリーブオイルもおすすめです！

具材：ピーマン、炒めねぎ
出汁と味噌：昆布水出汁、豆味噌

作り方：鍋にごま油を熱し、ピーマンを炒める。ピーマンがしんなりしたら出汁と炒めねぎを加える。軽く煮立ったら味噌を加えて火を止める。椀によそい、炒めねぎを上にあしらう。

8月19日

このトマトは下呂温泉駅近くのお蕎麦屋さんで購入したもの。ぽってり大きいのが3個100円!!　昔のトマトとも、今どきのトマトとも違う……でも確実にトマト。しかもゆるやかに心をつかむ、そんなおいしさでした。ダブルトマトも楽しいかなと、ドライトマトを加えてみました。爽やかなオリーブオイルの香りと相まって、すーっといただけます。

具材：ねぎ、わかめ、トマト、ドライトマト
吸口：オリーブオイル
出汁と味噌：昆布水出汁、米味噌(淡)

作り方：鍋にオリーブオイルを熱し、ねぎを炒める。出汁とドライトマトを加えて軽く煮立ったらわかめを加えてひと煮し、味噌を加えて火を止め、トマトを加える。椀によそい、オリーブオイルを数滴たらす。

味噌汁をもっと楽しむために〜味噌

毎日お味噌汁を楽しく、おいしく味わうために、味噌は一種類ではなく、米味噌（赤・淡）、白味噌、自家製の手前味噌など、いろいろ揃えておくといいですよ。季節の野菜や残りものによって、合わせる味噌をあれこれ考えるのは楽しいだけではなく、知らぬ間に味の組み立ての稽古にもなるし、何より知らなかった素材と味噌のおいしい関係を知ることにも。旅に出たときに、その土地、土地で見つけた味噌を試してみるのもおすすめです。味噌は昔ながらの製法で、添加物が入ってないものを選んでください。

手前味噌

味噌汁を毎朝いただくようになってから、麹、大豆、塩を選び、手前味噌を仕込むようになりました。手前味噌とはよくいったもので、どれも体にジュワーと沁み入るような味わいです。

上：2015年4月、石黒種麹店の麹と土佐の塩丸の塩、オオツル大豆仕込み、大豆はゆでたものを使用して仕込んだ味噌。まろやかな塩味、大豆の甘み、今季一番やさしい味わいに仕上がりました。体中の細胞が喜ぶような味わいに、心も体も元気になります。

真ん中：2014年12月、四万十・井上糀店の糀仕込みから携わったもの。大豆は圧力鍋で蒸し煮したものを使用。昔ながらの懐かしい味わい。

下：2015年3月仕込み、石黒八郎さん（石黒種麹店）の指導で仕込んだもの。大豆は圧力鍋で蒸し煮したものを使用。ちょうどいい塩味、ふくよかな麹の香り。煮干し出汁と根菜の組合せに相性抜群です。

香味味噌

手前味噌に、にんにくやはちみつなどを加えたのが「香味味噌」。肉、魚、豆腐を漬け込む味噌床として使います。お味噌汁の具では、鯖缶のようにパンチがあるものにもよく合います。火入れした肉、魚、野菜に添えたり、バーニャカウダソースのベースにすれば、味噌の旨味で、アンチョビなしでもおいしく仕上がります。

＊香味味噌の作り方
味噌450gにみりん、砂糖、はちみつを各大さじ1とにんにくのすりおろし大さじ1、生姜すりおろし小さじ1を加えてよく混ぜる。密閉容器に入れ、小さく切った昆布を数枚加え、冷蔵庫で約1ヶ月保存可。

土佐・四万十　井上糀店　麦味噌（高知の麦味噌）

いろいろなご縁で巡り合った井上糀店。四万十の集落に欠かせない糀屋さんです。昔ながらの味噌作りは女の仕事。まずは米糀作り。早朝に大きな釜で米を蒸しはじめます。糀の仕込みから体験させていただいてから、麦味噌はこちらのものを愛用。大麦と大豆、塩だけでつくられる、無添加のおいしい、おいしい味噌は、甘みも香りも控えめ、クセがないのが特徴的。根菜がたっぷり入ったとん汁やさつま汁と相性抜群。

土佐・四万十　井上糀店　米味噌（高知の米味噌）

高知からの食材が届くと、まずはこちらの麦味噌か米味噌のどちらかと合わせます。どちらもどんな具材も調和させてくれるおおらかさがありますが、米は万能です。煮干しはもちろん、高知独特の干し魚の出汁、半干し椎茸の出汁と合わせること多々です。

■井上糀店
　高知県高岡郡四万十町六反地 21　Tel.0880-22-8210

佐々重　仙台味噌（仙台の米味噌）

6年前に訪れた仙台で出合った佐々重の味噌。関西人の私にとって馴染みのなかった仙台味噌でしたが、その深い旨味に驚きました。昔ながらの製法を守った味わい深い長期熟成味噌は、魚介系の具材のときや、すっきりとした味に仕上げたい夏におすすめ。寒い季節は白味噌と合わせ、大きく切った丸大根や蕪、ごぼうなどの根菜と好相性。

■株式会社佐々重
　宮城県仙台市若林区古城 1-5-1　Tel.022-222-6506

岡山産　瀬戸白味噌（岡山の白味噌）

一年中欠かさない白味噌。気温が上がりはじめる春先から夏までは、軽い甘みの白味噌の出番が何かと多い。忘れてはいけないのは、塩分の低い白味噌は必ず冷凍保存ということ。これ、絶対にお忘れなく！　トマト、アボカド、チーズが入るアヴァンギャルド味噌汁はほぼこちらを使用しています。

■有限会社馬場商店
　岡山県備前市香登本 868　Tel.0869-66-9027
　＊このパッケージはいかりスーパーマーケット用です

御幸町 関東屋　無添加 六代目謹醸白味噌（京都の白味噌）

京都府産のコシヒカリ、大豆は北海道トヨハルカ、沖縄の粟國の塩を使用した、贅沢な味噌で、年に一度、お正月用に奮発します。冬は京都のまったりと甘めの白味噌がおいしい。こちらは比較的すっきりした味わいなので甘めの白味噌と合わせたり、少し煮詰めたり、その時々に合わせて工夫するのも楽しみ。生麩、生湯葉、海老芋の含め煮など、上品な味わいの具材に。吸口はなんといっても黄柚子が一番。白味噌は煮込んでもおいしいので、とん汁に仕立てることも。

■御幸町 関東屋
　京都府京都市中京区御幸町通夷川上ル松本町 582
　Tel.075-231-1728

autumn 秋

やわらかな風とともにようやく過ごしやすい季節が訪れ、あちらこちらからおいしい便りが届きます。
きのこや葉野菜など、具材の変化はもちろんですが、お味噌選びが大きく変わります。
気温が下がるにつれ、甘みのあるお味噌が欲しくなる頃が秋。
夏は小気味いい赤味噌、冬はまったりとした白味噌。
秋と春の中間の季節には、赤味噌と白味噌を合わせた"ふくさ味噌"がよく登場します。
それぞれの割合は、具材やその日のお天気に寄り添うように。
おいしいものがたくさんの秋のひと椀はこんなふうに組み合わせを考え、出来上がります。

きのこいろいろ

材料　1〜2人分
- マッシュルーム　2個
- 半干し椎茸　1枚
- 半干しえのき茸(小)　1/2袋分
- なめこ　100g
- ごま油　適量
- 昆布水出汁　1カップ
- 豆味噌　15g
- 白味噌　10g
- 九条ねぎ(刻む)　適量

作り方
1　マッシュルームと椎茸は4等分に切る。えのき茸は半分の長さに切る。
2　フライパンにごま油をひき、マッシュルームを入れてふたをし、蒸し焼きにする。焼き目がついてややしんなりしたら、出汁とえのき茸、椎茸を加えてひと煮する。
3　豆味噌はすり鉢であたり、白味噌と合わせる。
4　2に3を加え、なめこも加えてひと煮する。椀に4をよそい、九条ねぎをのせる。

9月4日

高知から採れたてのやわらかーいニラと珍しい花ニラがたっぷり届きました。はす向かいのお宅からは恒例の花オクラが。あぁ、ホーチミンで食べた花鍋が思い出されます。取り合わせるお相手はお揚げさんはないし、卵でもない気分なので、中近東で使われる練りごまペーストのタヒニをINすることに。結果は……。うんっ、おいしい。

具材：花ニラ、花オクラ
出汁と味噌：鶏と昆布のブイヨン、昆布水出汁、米味噌(淡)、タヒニ

作り方：鍋にブイヨンと出汁を入れ、火にかける。ひと煮したら花ニラと花オクラをさっとくぐらせ、椀に盛る。鍋中が軽く沸いたら火を止め、タヒニと合わせた味噌を加えて椀に注ぐ。

9月5日

花ニラ生産者さんは、お味噌汁正統派。失礼かな？　と思いつつ、絶対においしいはずと……。マルゲリータ的味噌汁、バンザーイ、バンザーイ。お味噌とチーズが大好きな私です。

具材：花ニラ、トマト、モッツァレラチーズ
吸口：オリーブオイル、パルミジャーノレッジャーノチーズ
出汁と味噌：昆布水出汁、岡山の白味噌

作り方：モッツァレラチーズはちぎって椀に入れる。鍋に出汁を入れ、火にかける。煮立ったら、花ニラをさっとくぐらせ、椀に加える。鍋中が軽く沸いたら火を止め、味噌とトマトを加え、椀によそう。オリーブオイルを数滴たらし、パルミジャーノチーズをかける。

9月7日

ニラシリーズ最終。豚汁は万人受け間違いなし。今日は松山揚げを使いました。お汁をたっぷりと吸った松山揚げは、トロトロでふわふわ。油分とニラがよく合います。お味噌汁をいただいても汁が流れない。早い秋の訪れ……ですね。少しさみしい、夏大好きなアヴァンギャルド味噌汁人です。

具材：舞茸、松山揚げ、ニラ
吸口：黒七味
出汁と味噌：昆布水出汁、日本酒、米味噌（赤）、白味噌

作り方：鍋に日本酒を入れ、火にかける。煮立ったら出汁と舞茸を加えてひと煮する。松山揚げとニラを加え、軽く煮立ったら味噌を加えて火を止める。椀によそい、黒七味をふる。

＊松山揚げ＝うすくスライスした豆腐を圧縮して水分を抜き、菜種油で揚げたもの。

9月8日

今月の料理教室で残った剣先烏賊げそは、和え物、タイ風サラダ、おでんと、いろいろアレンジしてきましたが、今日はお味噌汁にIN。万願寺唐辛子も使いたいので、白味噌仕立ての気分。そうなるとまったりとつなぐ何かが要るな……。あっ！ あった、あった！ 今夜のサラダ用アボカドだ。

具材：万願寺唐辛子、剣先烏賊のげそ、アボカド
吸口：オリーブオイル
出汁と味噌：昆布水出汁、日本酒、岡山の白味噌

作り方：鍋にオリーブオイルをひき、万願寺唐辛子をこんがり焼く。日本酒を加え、煮立ったら出汁とげそを加えてひと煮し、味噌を加えて火を止める。椀にアボカドを盛って味噌汁をよそい、オリーブオイルをたらす。

9月10日

お味噌汁ワークショップ用のきのこが高松サヌキス本店から届きました。真っ白なはなびら茸を見たとたん、明日は真っ白なお味噌汁にしようと決定。その後、料理教室用のバゲットを買いに駅前へ。そうそう、最近、お味噌汁にパンを使って！ とリクエストされること多し、です。で、雑穀パンを購入し、クルトンにしてトッピング。おいしい！

具材：はなびら茸、雑穀パンのクルトン
出汁と味噌：昆布水出汁、日本酒、岡山の白味噌

作り方：鍋に日本酒を入れ、火にかける。煮立ったら出汁とはなびら茸を加え、ひと煮してから味噌を加えて火を止める。椀によそい、クルトンを散らす。

/秋/autumn/

9月11日

待ちに待っていたしめじ。今朝は、お揚げさんとぶなしめじのひと椀。青柚子の香りにたまらなく秋を感じます。友人から教えてもらったおいしい干し椎茸の使い方をさっそく実行‼ お味噌汁から学びがある毎日です。

具材：油揚げ、ぶなしめじ、
吸口：青柚子
出汁と味噌：昆布水出汁、干し椎茸、日本酒、米味噌(淡)

作り方：鍋に日本酒を入れ、火にかける。煮立ったら出汁と手で割った干し椎茸の小さなかけら、油揚げ、しめじを加えてひと煮する。味噌を加えて火を止め、椀によそって青柚子の皮のすりおろしを散らす。

9月21日

生湯葉だけの白味噌仕立て。なんて贅沢〜〜！ でも、土曜日のお客様の夕食で食べきれなかった賞味期限切れなんです、笑。数字に弱いのは弱点だけど 数字に振り回されない私は、賞味期限を五感で判断いたします。なんだか寒くなってきたので、甘みの強い白味噌で濃いめに仕上げました。

具材：生湯葉
吸口：青柚子
出汁と味噌：煮干し水出汁、日本酒、京都の白味噌

作り方：鍋に日本酒を入れ、火にかける。煮立ったら出汁を加えてひと煮し、湯葉を加える。軽く沸いたら味噌を加え、火を止める。椀によそい、青柚子の皮のすりおろしを散らす。

9月25日

いちじくは大好きな果物のひとつ。特にこの蓬莱柿(ほうらいし)という品種には目がありません。ジャム作りにハマっていた時は島根の壱岐より取り寄せもしていたほど。ただ、いちじくの熟し具合と私のスケジュールがなかなか合わず、こういう取り寄せからは足を洗ったので、ここしばらく、蓬莱柿との逢瀬は叶わずにいました。が、出逢っちゃいました、いかりスーパーマーケットで。で、このようなひと椀に……。

具材：いちじく
吸口：カッテージチーズ、辛味味噌
出汁と味噌：昆布水出汁、日本酒、京都の白味噌

作り方：鍋に日本酒を入れ、火にかける。煮立ったら出汁を加えてひと煮し、味噌を加えて火を止める。いちじくを椀に入れ、味噌汁を注いでチーズと辛味味噌を添える。

9月28日

祇園豆を初めていただきます！ 姿形から食味ややわらかさを想像し、下ゆでの時間を感覚で決める。食べたことのない祇園豆だけれど、味わいを生かしながら、引き立て合うものでまとめてみたつもり。あえて吸口のアクセントはなし。キクラゲを練り込んだ利久生麩を太白ごま油でこんがり焼きつけて IN。

具材：祇園豆、利久生麩
出汁と味噌：無調整豆乳、昆布水出汁、京都の白味噌

作り方：鍋にごま油を熱し、生麩をこんがり焼く。出汁を加え、鍋中が煮立ったら祇園豆を加えてひと煮し、味噌を加えて火を止め、豆乳を加える。

10月1日

昨日のマリアージュが忘れがたく、具材を変えてのひと椀を。豆乳が少し残っていたので加えるつもりで味をととのえました。が、キャップを開けると、かすかにポンッと音が。味見して撃沈……。昨日まで大丈夫だったのに。で、牛乳をほんのぽっちり。うん、いい感じです。

具材：なす
吸口：大葉、穂紫蘇
出汁と味噌：牛乳、昆布水出汁、京都の白味噌

作り方：鍋にごま油を熱し、なすを焼き目がつくまで焼く。出汁を加え、軽くひと煮し、味噌を加えて火を止め、牛乳を加える。椀によそい、せん切りにした大葉と穂紫蘇を添える。

10月3日

うちわ海老本体は、いろんな方の胃袋へと消えてゆきましたが、まだコヤツがおりましたの！ うちわ海老のお出汁〜。普段はお味噌汁のために食材を買わないことを信条としていますが、生湯葉は特別枠。柚子胡椒がまたいい仕事しています。

具材：祇園豆、生湯葉
吸口：柚子胡椒
出汁と味噌：うちわ海老出汁、昆布水出汁、米味噌（淡）

作り方：鍋に出汁を入れ、火にかける。煮立ったら祇園豆を加えてひと煮し、生湯葉と味噌を加えて火を止める。椀によそい、柚子胡椒を添える。

10月7日

1泊2日の東京滞在。今回も大充実の時間でした。お味噌汁復活ライター関東メンバーの会合の後、新潟出身のライターさんの案内で新潟県のアンテナショップへ。かんずりの旨味にハマってる私にオススメくださったのは、6年熟成の逸品。あぁ 沁み入ります。胃の腑に、体に、心に……。

具材：間引き大根、おしぶ、煮干し
吸口：かんずり
出汁と味噌：煮干し水出汁、米味噌（淡）

作り方：鍋に出汁と煮干し少々を入れ、火にかける。大根葉と大根、おしぶを加える。大根葉は火が通ったら取り出す。大根が煮えたら味噌を加えて火を止める。椀によそい、かんずりを添える。

10月15日

山芋と長芋のいいとこ取りの長芋、ねばり星。読み方は「ねばりスター」。粗めのチーズおろしでザクザクとおろします。あれえ、出汁って何か特別にひいたっけ？　というくらいおいしい。海苔とお味噌との取り合わせがたまらないです。

具材：長芋
吸口：焼き海苔、青柚子
出汁と味噌：昆布水出汁、米味噌(淡)

作り方：鍋に出汁を入れ、火にかける。煮立ったら粗くおろした長芋を加えてひと煮し、味噌を加えて火を止める。椀に海苔をちぎり入れ、味噌汁をよそって青柚子の皮のすりおろしを散らす。

10月16日

教室で鳴門金時を丸ごと蒸して使うので、レシピの分量を取ると少し残ります。たいていそのまま食べちゃうのですが、ほっこりしたひと椀が恋しい気候なのでこちらにIN。あ〜、秋だなぁ。お椀の中に季節があるのがうれしい。

具材：半干し椎茸の軸、油揚げ、モロッコいんげん、丸ごと蒸しさつまいも
吸口：かんずり
出汁と味噌：昆布水出汁、日本酒、米味噌(淡)

作り方：鍋に日本酒を入れ、火にかける。煮立ったら出汁、椎茸の軸、油揚げを加えてひと煮する。モロッコいんげんとさつまいもを加え、火が通ったら味噌を加えて火を止める。椀によそい、かんずりを添える。

10月21日

味噌作りが得意な友人、たーくんからこだわり素材で作った貴重な手前味噌をいただきました。「お味噌でいろいろ遊んでください」と、メッセージ。お題、ちょうだいいたしました。責任重大！ そして、一気に飲み干しました。クリーン、クリアー、清々しい。こんな言葉が似合う味噌。

具材：がんもどき、モロッコいんげん
吸口：ぬれ七味
出汁と味噌：昆布水出汁、友人の手前味噌

作り方：鍋に出汁とがんもどきを入れ、火にかける。がんもどきが温まったらモロッコいんげんを加える。火が通ったら味噌を加えて火を止める。がんもどきを半分に切って椀に入れ、味噌汁をよそい、ぬれ七味を添える。

10月28日

念願だった高知でのお味噌汁ワークショップが叶いました。生産者さん自ら納品してくださった選りすぐりALL土佐もん。毎日新聞、高知新聞の取材が入り、カラー写真入りの記事を掲載していただきました。高知の皆さんの惜しみない協力あってこそと、幸せをかみしめつつ、次に繋いでいかなくては！と気持ちをあらたに仕立てたひと椀です。

具材：黄ズッキーニ、ピーマン、油揚げ
吸口：辛味噌
出汁と味噌：昆布水出汁、米味噌(淡)

作り方：鍋に出汁を入れ、火にかける。煮立ったら素焼きしたズッキーニとピーマン、油揚げを加えてひと煮し、味噌を加えて火を止める。椀によそい、辛味噌を添える。

10月29日

おいしいお汁をたっぷり飲みたい！　今日はたっぷりお汁を味わいたい！　と、具材を小さく切ってみました。うーん、コレコレ。豆乳のまろやかな旨味と細ねぎの香りがお揚げさんとよく合います。具材はこのままで、お汁を3回おかわりしました。

具材：油揚げの含め煮、蕪
吸口：細ねぎ
出汁と味噌：昆布水出汁、日本酒、無調整豆乳、米味噌（淡）

作り方：鍋に日本酒を入れ、火にかける。煮立ったら出汁と油揚げ、蕪を加える。蕪に火が通ったら蕪の葉を加えてひと煮し、味噌を加えて火を止めてから、豆乳を加える。椀によそい、細ねぎを添える。

11月2日

冷蔵庫の中を散策。うーん、どうしようかなぁ。あ、モロッコいんげんがあった！
醤油漬けにしておいた卵は、今日あたり食べないとなので加えたけれど、ちょっと浸かりすぎていました。モロッコいんげんには普通の半熟卵が合うみたい。

具材：モロッコいんげん、半熟卵の醤油漬け
吸口：煎り白ごま
出汁と味噌：本枯れ節 削り鰹、昆布水出汁、日本酒、米味噌(淡)

作り方：鍋に日本酒を入れ、火にかける。煮立ったら出汁を加え、再び煮立ったらモロッコいんげんを加える。火が通ったら味噌を加えて火を止める。椀に削り鰹を入れて味噌汁をよそい、卵を添えてごまをひねりながら加える。

11月3日

ヒンヤリ冷え込む朝に温かなひと椀。素材が極上ですから、すばらしいことこの上なく、至福口福の朝です。11月の教室で使う甘くてやわらかくてジューシーな蕪。おいしいものは体と心を幸せにしてくれます。

具材：おぼろ豆腐、小蕪のすり流し(教室の残り)
吸口：一味唐辛子
出汁と味噌：昆布と鶏ささみの出汁、京都の白味噌

作り方：鍋に出汁と豆腐を入れ、火にかける。軽く煮立ったら小蕪のすり流しを加えてひと煮し、味噌を加えて火を止める。椀によそって一味をふる。

11月5日

2日間干して密閉容器に入れ、冷蔵庫で保存しておいた半干し原木椎茸。水分が抜けてかさの減った軸は細くさき、傘の部分は放射状に。昆布水出汁でことこと炊くと、ふうわり肉厚になってきます。上品に薫り立つ椎茸の香り。飲みきったあとも、口中に広がる旨味に浸っておりました。

具材：半干し椎茸、白ねぎ、絹ごし豆腐
吸口：あけがらし
出汁と味噌：昆布水出汁、日本酒、米味噌(淡)

作り方：鍋に日本酒を入れ、火にかける。煮立ったら出汁、椎茸、白ねぎを加える。椎茸がふうわりしたら豆腐を加えてひと煮し、味噌を加えて火を止める。椀によそってあけがらしを添える。

11月6日

蕪のスープが少し残っていました。浸し豆も少し。ふかした金時芋も……。全部まとめて入れてみたら、とろみがうれしいひと椀に。あぁ、あったまる〜。今日もお味噌汁はうま〜いっ。

具材：青大豆の浸し豆、蒸しさつまいも
吸口：一味唐辛子、黒七味
出汁と味噌：蕪のすり流しスープ、青大豆の浸し汁、昆布水出汁、京都の白味噌

作り方：鍋に蕪のすり流しスープ、青大豆の浸し汁、出汁を加えて火にかける。煮立ったら青大豆とさつまいもを加えてひと煮し、味噌を加えて火を止める。椀によそい、一味と黒七味をふる。

11月8日

冷蔵庫でバラバラしてるものたちを少しでも整頓しなきゃと、お鍋に加えていたら、うわー、主役のつもりだった蕪が埋もれてる。ごく薄めの味噌加減でそれぞれの具材の味わいを楽しみました。み〜んな主役張ってます。

具材：半干し椎茸の軸、大根葉、蕪、さつまいも、油揚げの当座煮
吸口：黒七味、一味唐辛子
出汁と味噌：昆布水出汁、日本酒、味噌漬け豆腐の味噌

作り方：鍋に日本酒を入れ、火にかける。煮立ったら出汁と椎茸の軸を加えてひと煮し、大根葉を加える。火が通ったら大根葉を椀に取り出す。鍋に蕪、さつまいも、油揚げを加え、野菜が煮えたら味噌を加えて火を止める。椀によそい、黒七味と一味をふる。

11月10日

今朝の一杯。冷え込みますね〜。寒い日のひと工夫。ダブル生姜使い。生姜風味のお揚げさんの当座煮、仕上げのおろし生姜。おかげで、ぽっかぽか〜。お揚げさんは切らずに大きなまま、たっぷりの見た目があったかだし、冷めにくいのもいいんだなあ。

具材：小松菜、油揚げの当座煮生姜風味
吸口：生姜
出汁と味噌：昆布水出汁、麦味噌

作り方：鍋に出汁を入れて火にかける。煮立ったら小松菜と油揚げを加えてひと煮し、味噌を加えて火を止める。椀によそい、おろし生姜を添える。

11月12日

大きな大根が1本……。1/3ほどをいちょう切りにして窓辺で半干しにしました。まだ、しっとりしているそれを、フライパンで白ねぎとともに、こんがり素焼きに。ほんの少し水分が抜けた大根は、味が染み込むのも、火通りも早く、炒め物にもいい感じです!

具材:半干し大根と白ねぎの素焼き、モロッコいんげん
吸口:パルミジャーノレッジャーノチーズ
出汁と味噌:昆布水出汁、米味噌(赤)、白味噌

作り方:鍋に出汁、大根と白ねぎの素焼きを入れ、火にかける。野菜に火が通ったらモロッコいんげんを加えてひと煮し、味噌を加えて火を止める。椀によそい、チーズをふる。

11月13日

冷蔵庫に里芋の含め煮があると、なんだか豊かな気持ちになります。白ねぎもおいしくなってきましたね。冷え込む朝は、具だくさんのひと椀がうれしい。いよいよ冬がはじまります。

具材:油揚げ、里芋の含め煮、半干し椎茸、モロッコいんげん、白ねぎ
吸口:あけがらし
出汁と味噌:煮干し水出汁、高知の麦味噌

作り方:鍋に出汁と椎茸を入れ、火にかける。煮立ったら油揚げ、里芋、白ねぎを加えてひと煮し、モロッコいんげんを加える。野菜に火が通ったら味噌を加えて火を止める。椀によそい、あけがらしを添える。

11月14日

高知から届いた素材、キリンサイ。どうやら海藻らしい。とろみをつける用途もあるとのこと。生は珍しく、冷蔵庫に入れないでくださいとある。海ぶどうと同じなんだー。初めましてキリンサイさん。よろしくお願いいたします！

具材：キリンサイ
吸口：オリーブオイル
出汁と味噌：昆布水出汁、日本酒、岡山の白味噌

作り方：鍋に日本酒を入れ、火にかける。煮立ったら出汁を加え、刻んだキリンサイを加えてひと煮し、味噌を加えて火を止める。椀によそい、オリーブオイルを数滴たらす。

11月16日

マッシュルームの軸、エリンギの下の部分、私は普段、使っていますが、皆さんガッツリ落としちゃうようで、料理教室で捨てないでおいてもらいました。いいお出汁が出るし、エリンギの食感も楽しいですよ。端っこちゃんも立派な主役です。お味噌汁バンザイ！

具材：マッシュルームとエリンギの端っこ、キタアカリ（じゃがいも）のフリット、紫玉ねぎ
吸口：かんずり
出汁と味噌：昆布水出汁、高知の合わせ味噌

作り方：鍋に出汁ときのこ類を入れ、火にかける。煮立ったらじゃがいものフリットを加えてひと煮し、味噌と紫玉ねぎを加えて火を止める。椀によそい、かんずりを添える。

11月17日

今朝は大豆三昧。豆乳を使わなくっちゃと思い、トリプル⁉ と思いきや、お味噌も大豆だった！ 鰆の蒸し汁が効いてます。こういう ひと椀に白ねぎはよく合いますね。大豆って すごいっ。

具材：堅豆腐、油揚げ、白ねぎ
吸口：かんずり
出汁と味噌：鰆の蒸し汁(教室の残り)、昆布水出汁、無調整豆乳、白味噌

作り方：鍋に出汁、鰆の蒸し汁、豆腐、油揚げ、白ねぎを入れ、火にかける。ひと煮したら味噌を加えて火を止め、豆乳を加える。椀によそい、かんずりを添える。

11月18日

香川より届いたなめこです。なめこって なめこってこんなんやったん？？ おいしすぎる〜。他は九条ねぎだけでシンプルに、この旨味に溺れてみる。

具材：なめこ
吸口：九条ねぎ
出汁と味噌：昆布水出汁、日本酒、米味噌(赤)、白味噌

作り方：鍋に日本酒を入れ、火にかける。煮立ったら出汁を加えてひと煮し、なめこと味噌を加えて火を止める。椀によそい、九条ねぎを添える。

11月20日

朝に入った連絡で気が動転しています。台所に戻ると、お鍋に作りかけのお味噌汁。すっかり忘れていました。温め直し、お椀から立ち上る湯気を包み込むようにいただいたら、心が少し落ち着きました。午後イチでレシピを送る約束も思い出しました!!! たいへん、たいへん。

具材：自家製味噌漬け堅豆腐、教室の端っこ素材いろいろ
吸口：紫玉ねぎのみじん切り
出汁と味噌：きのこの味噌汁(昨日の残り)、米味噌(赤)

作り方：鍋に昨日のお味噌汁を入れて温め、味噌漬け堅豆腐と端っこ野菜を加えてひと煮し、味噌を加えて火を止める。椀に盛り、紫玉ねぎを散らす。

11月25日

自宅で蕎麦を打ってもらう幸せな機会に恵まれ、新蕎麦の粉まで頂戴しました！　蕎麦は打てなくても、蕎麦がきならば簡単に新蕎麦の香りを楽しめます。お味噌汁に合うなー!!

具材：蕎麦がき
吸口：九条ねぎ、一味唐辛子
出汁と味噌：本枯れ節 削り鰹、昆布水出汁、日本酒、京都の白味噌

作り方：鍋に蕎麦粉と水(蕎麦粉の約2.5倍)を入れ、ホイッパーで混ぜ合わせる。強火にかけて練り、粘りが出てきたら、さらに力を込めて練る。鍋を濡れぶきんの上に移し、なめらかになるまでさらに練る。別の鍋に日本酒を入れて、火にかける。煮立ったら出汁を加えてひと煮し、味噌を加えて火を止める。椀に削り鰹と蕎麦がきを入れ、味噌汁を注いで九条ねぎと一味を添える。

味噌汁をもっと楽しむために〜吸口と具材

「はじめに」でもご紹介しましたが、"吸口"とは、お味噌汁など汁物の付け合わせを意味する用語。吸口をあしらうことで、香りや見た目から、さらに食欲をそそるといった効果や全体をとりまとめる作用も持ち合わせているように思っています。ここでは私が毎日のお味噌汁に吸口として活用しているものと、お揚げさんや麩など、あると便利な具材をご紹介します。

あけがらし

山形県の醤油の醸造元が代々受け継いできた、米麹、辛子、麻の実、生絞り醤油、三温糖、唐辛子が原料という逸品。旨味の塊です。具材や旨味が物足りないなというときに、ちょこっとのせると、味が決まります！

■合資会社山一醤油製造所
　山形県長井市あら町6-57　Tel. 0238-88-2068

かんずり

地元の契約農家の唐辛子を塩漬けし、雪上に撒いて晒して水で洗い、米糀、柚子、塩を合わせて熟成、発酵させたもの。長い時間をかけて生まれる奥深い旨味と穏やかな辛味。特に6年仕込みは、長期熟成の格別なおいしさ。

■有限会社かんずり
　新潟県妙高市西条438-1　Tel. 0255-72-3813

エキストラバージンオリーブオイル

お揚げさんやなすの油焼きのお味噌汁のおいしさは、油の旨味のもたらす効果ゆえ。昆布水出汁ベースに、具材を煮こまず仕上げるあっさり味噌汁に、数滴のオリーブオイルを落とすと、おいしさの輪郭が際立ちます。イタリア・シチリア島のトンダイブレア種のオリーブのみで作られるこのオイルは、青リンゴや青いトマトを思わせる清々しい香り、小気味いい辛味、好ましい苦味がほどよく感じられる私のお気に入り。

■イタリア食材「ベリッシモ」
　東京都大田区田園調布2-49-3　Tel. 03-3722-2522

自家製梅干し

味噌と梅干し———!?　と思われるかもしれませんが、長旅には必ず携帯するお助けコンビ。特に胃の調子が悪いとき、私にはこの組み合わせがしっくりくるよう。油分が多い具材の吸口にするとすっきりします。

生姜

おろしたり、針生姜にしたりと、吸口に欠かせない素材。たっぷりの水に浸けて冷蔵庫に入れ、2日に一度くらい水を変えるだけで1ヶ月は保存可。高松サヌキス本店の鹿庭さんに教えていただいたナイスな保存法です。

パルミジャーノレッジャーノチーズ またはグラナパダーノチーズ

私が愛用しているのはグラナパダーノのほう。パルミジャーノと同じくイタリア北部の硬質チーズ。旨味はあるけれど主張しすぎないので、お味噌汁とのバランスがいい。お値段がパルミジャーノより控えめなのも嬉しい限りです。

黒七味　一味

吸口に、なくてはならないこの二役者。白と黒の胡麻、唐辛子、山椒、青海苔、けしの実、おの実が原料の黒七味を加えるか否かで、ひと椀の味わいの趣がぐっと変わります。辛味だけが欲しいときは一味がおすすめ。

■ 原了郭
　京都府京都市東山区祇園町北側267
　Tel. 075-561-2732

山椒粉

手軽に一年中使える粉山椒。爽やかな柑橘系の香りに小気味いい辛味がなんともいい、飛騨山椒を原材料としたこちらが私のお気に入り。夏の赤味噌仕立てのひと椀に相性抜群。保存は冷凍庫で。

■ 有限会社 飛騨山椒
　岐阜県高山市奥飛騨温泉郷村上35-1
　Tel. 0578-89-2412

鎧揚げ（油揚げ）

油揚げとして使っているのは、富山県五箇山から取り寄せている厚揚げと薄揚げの中間ぐらいのお揚げ。地元産大豆で作られた消泡剤を使わない木綿豆腐を圧搾法の国産なたね油で包み込むように揚げたもの。油抜き不要。届いたその日は、塩をパラリとふっていただくのがお楽しみです。

■ 平家とうふ　ねこのくら工房
　富山県南砺市下梨2074　Tel. 0763-66-2678

＊当座煮と含め煮の作り方
当座煮は、鍋に日本酒大さじ1、みりん小さじ1を入れ、火にかける。煮立ったら油揚げ8枚とかぶるくらいの昆布水出汁、塩少々を加え、煮汁が半分くらいになるまで煮る（冷蔵庫で2、3日ほど保存可能）。1週間ほど保存させたい場合は日本酒、みりん各大さじ1、塩小さじ1/4、で同様に煮て、含め煮にする。

堅豆腐

縄で縛って持ち上げられる五箇山特有のお豆腐。濃い大豆の味わいが楽しめます。大きめの角切りにしたり、厚めにスライスして塩をふってしばらくおき、油でこんがり焼いたり。お味噌で漬け込むととろりとチーズのようになります。漬け込んだ味噌ごとお味噌汁に加えたりも。

■ 平家とうふ　ねこのくら工房
　富山県南砺市下梨2074　Tel. 0763-66-2678

生麩

もっちりした生麩が大好き。まとめて購入し、ひと口大に切って、冷凍保存しておきます。お気に入りはあわ麩、よもぎ麩、利久麩。そのまま入れたり、こんがり焼いたり。焼く場合は味噌や具材に合わせ、ごま油、山椒油、オリーブオイルなどと使い分けると変化が生まれ、組み合わせが広がります。あわ麩は万能選手、香りを足したいときはよもぎ麩、コクのある利久麩は主役になります。

■ 株式会社　半兵衛麩
　京都府京都市東山区問屋町通五条下ル上人町433
　Tel. 075-525-0008

わんぱくたまご（卵）

山形のイタリアン、奥田政行シェフに案内していただいたわんぱく農場の卵は、自由に草を啄み、月山の湧き水を飲んで育った鶏たちのもの。試食させていただいた生卵の卵白の旨味に驚きました。数個まとめて半熟卵にし、すぐに食べない分は味卵にします。

■ わんぱく農場株式会社　エコ・オフィス
　山形県鶴岡市羽黒町荒川字漆畑33
　Tel. 0235-78-0232

＊味卵の作り方
殻をむいた半熟卵3個をビニール袋に入れ、醤油大さじ1と1/2、みりん大さじ1、かんずりをちょっとを加え、冷蔵庫で1〜2日ほど漬け込む。

鯖缶

脂がいい感じの国産鯖をシンプルな水煮にしたもの。前日の夕ごはんを食べそびれておなかがぺこぺこだったり、朝ごはんをいつもよりしっかりいただきたい時のお味噌汁に加えています。

■伊藤食品株式会社
　静岡県静岡市清水区幸町2-67　Tel. 054-334-2281

おしぶ(麩)

主に下越地方で昔から作られているお椀のような形のまんじゅう麩をさらに加工、加熱、圧縮したもので、もどさなくてもすぐに煮込め、つるっとした舌ざわりともちもちの食感が楽しめます。カットされたこちらは、さらに手軽に使えて便利です。

■有限会社　宮村製麩所
　新潟県新発田市岡田1807-6　Tel. 0254-20-8220

お芋の含め煮

海老芋、小芋、里芋……。ねっとりしたお芋に目がありません。新鮮なお芋が手に入ったらまとめて含め煮に。薄味に仕上げておけば、お味噌汁だけでなくいろいろな料理への展開がきき、便利です。

＊お芋の含め煮の作り方
芋(6～8個くらい)の皮をむき、串がスッと通るくらいに下ゆでする。別の鍋に酒とみりん各大さじ1を入れ、火にかける。煮立ったら下ゆでした芋、昆布水出汁、塩、醤油各少々を加えてひと煮する。

残りものの野菜、いろいろ

料理教室で使う野菜は毎回少しずつ余りがでます。おかずにするには半端な量の"端っこ野菜"たちも、お味噌汁なら立派な主役に！　保存容器にまとめて入れ、ふたをせずに冷蔵庫の目につきやすいところに置けば、行方不明になりませんよ。

winter 冬

朝のあたたかなひと椀が寒さで縮こまった体をやさしくほぐしてくれます。芳しい香りの湯気が立ち昇るお椀を両手ですっぽりと包み、いただく、この幸せな時間。その時間が少しでも長く続くよう、とろみをつけたり、油を加えたりと、冷めないひと手間を心がけるのが冬のひと椀を作るときの工夫。お気に入りは、すりおろし野菜。火通りのわるい蓮根や大根、蕪などの根菜類も、すりおろせば手早く仕上がり、おまけに冷めにくい。野菜の旨味が味噌と両手をつないだ味わいは、何にも代えがたい滋味深いおいしさです。

大根おろしと卵白

材料 1〜2人分
大根おろし　50g
卵白　1個分
煮干し水出汁　1カップ
堅豆腐　120g
米味噌　20〜25g
九条ねぎ(刻む)　適量

作り方
1　堅豆腐は塩少々(分量外)をしてごま油で焼き目がつくまで焼く。
2　鍋に大根おろしの汁と出汁、堅豆腐を入れ、火にかける。フツッとしてきたら豆腐を取り出し、椀に盛る。
3　卵白は泡立て器でよく混ぜ、大根おろしを加えてさらに混ぜ合わせる。
4　2の鍋に味噌を溶き入れて3を加え、卵白が白くなって上がってきたら火を止める。2の椀によそい、九条ねぎをのせる。

おろし蓮根

材料 1〜2人分
蓮根(皮ごとすりおろし)　50g
蓮根(極薄切り)　2枚
煮干し水出汁　1カップ
米味噌　20〜25g
柚子皮　少々

作り方
1　鍋に出汁と薄切り蓮根を4等分にしたものを入れて火にかける。煮立ったらおろし蓮根を加え、とろっとするまで煮る。
2　1に味噌を加え、フツッとしたら火を止める。
3　椀によそい、柚子皮をあしらう。

12月1日

土曜日からの不在で一日ひと椀ができなかった無念を胸に迎えた朝。もはや、おかず味噌汁。魚出汁がよく効いて、旨味がぎゅーっと詰まっています。残りものの干物の塩気を考えてお味噌はごく控えめに。大根と白ねぎはごま油でこんがり焼いています。

具材：カマスの干物、大根、白ねぎ、蓮根、モロッコいんげん
吸口：一味唐辛子
出汁と味噌：昆布水出汁、米味噌(淡)

作り方：鍋にごま油を熱し、大根、ねぎ、蓮根を焼く。焼き目がついたら出汁とカマスを加え、煮立ったらモロッコいんげんを加える。火が通ったら味噌を加えて火を止める。椀によそい、一味をふる。

12月3日

今日こそはお汁メインのお味噌汁を、と言い聞かせ、自制心を働かせました。柿太さんの煮干しは旨味たっぷり。頭もワタもそのままでも臭みはまったくなし。煮干しの出汁、いいですよね〜。赤味噌の吸口には白ねぎ!!あぁ、王道の味わいです。

具材：油揚げの当座煮、わかめ
吸口：白ねぎ、一味唐辛子
出汁と味噌：煮干し水出汁、日本酒、仙台の米味噌

作り方：鍋に日本酒を入れ、火にかける。煮立ったら出汁と油揚げの当座煮を加えてひと煮し、わかめと味噌を加えて火を止める。椀によそい、白ねぎを添えて一味をふる。

12月4日

冷えますね〜。雨模様の神戸です。大好きな生麩で名残の紅葉を愛でつつ、ほっこり白味噌のひと椀。うぅ〜ん、京都に来たみたい。京都の白味噌がしっくりくる季節となりました、冬がはじまります。

具材：ごま生麩、紅葉生麩、小芋の当座煮、小松菜の茎
吸口：あけがらし
出汁と味噌：小芋の当座煮の煮汁、昆布水出汁、京都の白味噌

作り方：鍋に当座煮の煮汁と出汁、小芋の当座煮を入れ、火にかける。煮立ったら生麩と小松菜の茎を加えてひと煮し、味噌を加えて火を止める。椀によそい、あけがらしを添える。

12月5日

富山でいただいたおでん、がんもどきの大きさにびっくり！ 富山県南砺、庄川地区でマルヤマとよばれる特大がんもは、京都市東山区円山が由来と推察されているのだそう。関西ではがんもどきをひろうすと言います。ポルトガル語のフィリョース、小麦粉と卵を揚げたお菓子がルーツだそうですよ。おもしろい！ 今日はその特大がんもを使ったひと椀を。

具材：がんもどき
吸口：白ねぎ、あけがらし、一味唐辛子
出汁と味噌：煮干し水出汁、日本酒、米味噌（淡）、京都の白味噌

作り方：鍋に日本酒を入れ、火にかける。煮立ったら出汁とがんもどきを加える。がんもどきが温まったら取り出し、切り分けて椀に盛る。鍋に味噌を加えて火を止め、椀に注いで白ねぎとあけがらしを添えて一味をふる。

12月6日

夕べは楽しくおいしいひとときを京都で!おなかいっぱいで帰宅したのに、朝はおなかがペコペコ〜。私って燃費が悪いのかな……?

具材:小芋の当座煮、小切り麩、芽キャベツ
吸口:あけがらし
出汁と味噌:小芋当座煮の煮汁、日本酒、米味噌(淡)、京都の白味噌

作り方:鍋に日本酒を入れ、火にかける。煮立ったら小芋当座煮の煮汁ともどした麩、小芋の当座煮、芽キャベツを加える。芽キャベツがやわらかくなったら味噌を加えて火を止める。椀によそい、あけがらしを添える。

12月7日

今日はオリーブオイルのワークショップの日。車に荷物を詰め込んで京都へと向かいます。身支度をしつつ、進行を考えつつ、忘れ物チェックしつつ。こんな時はマグカップ味噌汁。体が温まり、心が落ち着きます。

具材:本枯れ節 削り鰹、とろろ昆布、乾燥わかめ
吸口:自家製梅干し
味噌:高知の米味噌

作り方:マグカップに具材すべての味噌を入れ、湯を注いで梅干しを添える。

12月8日

天然の鰤が手に入ったので、昨日の夕ごはんは塩焼き！ 焼いた鰤をひと切れ残しておき、こんな贅沢なひと椀を楽しみました。鰤のみぞれ仕立て、お相手は何がいいかなーと頭でパズル。さてさて選ばれたのは??

具材：鰤の塩焼き、よもぎ生麸、大根おろし
吸口：柚子皮
出汁と味噌：昆布水出汁、日本酒、仙台の米味噌

作り方：鍋に日本酒を入れ、火にかける。煮立ったら出汁と鰤の塩焼きを加えて温める。生麸と大根おろしを加えてひと煮し、味噌を加えて火を止める。椀によそい、柚子皮を散らす。

12月9日

とびきりおいしい高野山のごま豆腐が届きました。賞味期限は1日です。王道のわさび醤油でまずは夕ごはんに。黒蜜やメープルシロップをかけておやつとしても楽しみました。最後は、もちろんお味噌汁の具に。

具材：ごま豆腐
吸口：三つ葉、わさび
出汁と味噌：昆布水出汁、日本酒、仙台の米味噌

作り方：鍋に日本酒を入れ、火にかける。煮立ったら出汁とごま豆腐を加えて温め、味噌を加えて火を止める。椀によそい、三つ葉とわさびを添える。

12月10日

富山・氷見のピカピカな煮干しが届きました。決して妥協することのない厳しい目に適った鰯ちゃん。鮮度はもちろん、脂が抜けていることが大切なんだそう！ 今日はその煮干し水出汁を使ったひと椀を。

具材：大根、油揚げの含め煮、煮干し
吸口：青ねぎ
出汁と味噌：煮干し水出汁、半干し椎茸の出汁、昨日の湯豆腐の昆布、味噌漬け豆腐の味噌

作り方：鍋に出汁、湯豆腐の昆布、大根、油揚げの含め煮、煮干しを入れて火にかける。大根に火が通ったら味噌を加えて火を止める。椀によそい、青ねぎを添える。

12月11日

夕べのご馳走のせいでしょうか？　とにかく大根おろしが食べたい朝。シンプル直球勝負のみぞれ汁とも思いましたけれど、教室の端っこ野菜たちが出番を待ってるし、お寿司で野菜が摂れなかったから、やっぱり野菜も食べたいなと。ぷはー、コレコレ〜！　カラダ、リセット完了。

具材：大根、人参、さつまいも、マッシュルーム、油揚げの含め煮、白ねぎの青いところ
吸口：生姜、大根おろし
出汁と味噌：煮干し水出汁、味噌漬け豆腐の味噌

作り方：鍋に出汁、野菜類、油揚げの含め煮を入れて火にかける。野菜に火が通ったら、味噌を加えて火を止める。椀によそい、生姜と大根のおろしを添える。

12月12日

この前の鯖缶お味噌汁。思うところあって再度挑戦。上品にまとまって、とってもおいしかったけれど、パンチのある仕立てにしてみたく……。缶汁ごと入れ、自家製の香味味噌と合わせてみました。野菜は教室の余りを。うんっ、決まった〜〜♪

具材：鯖の缶詰、大根、小玉ねぎ、人参、さつまいも、蓮根
吸口：細ねぎ
出汁と味噌：昆布水出汁、自家製香味味噌

作り方：鍋に出汁、鯖の缶詰汁ごと、野菜類を入れて火にかける。野菜に火が通ったら味噌を加えて火を止める。椀によそい、細ねぎを散らす。

12月13日

今日はオリーブオイルのワークショップです。なんやかんやでかなり寝不足。そんなときこそお味噌汁！ これこれ、思い描いていたとおりのひと椀ができ上がりました。早朝の雨もあがりましたよ。

具材：堅豆腐
吸口：柚子皮、あけがらし
出汁と味噌：昆布水出汁、煮干し水出汁、京都の白味噌

作り方：鍋に出汁と堅豆腐を入れて火にかける。ひと煮して味噌を加えて火を止める。椀によそい、柚子皮を散らして、あけがらしを添える。

12月15日

教室の朝。夕べのお豆腐ステーキ、卵黄醤油漬けと海老の酒蒸し汁でお味噌汁。卵黄はもう1日漬けたいけど、教室前に使ってしまいたい、ということで使いました。が、やっぱりちょっと早かった。でも、トロトロもいいね！

具材：堅豆腐、卵黄の醤油漬け
吸口：柚子皮
出汁と味噌：海老酒蒸し汁、昆布水出汁、米味噌(淡)

作り方：鍋に海老酒蒸し汁、出汁、堅豆腐を入れて火にかける。豆腐が温まったら味噌を加えて火を止める。椀によそい、卵黄と柚子皮を添える。

12月16日

今日は料理撮影。久しぶりの大好きなメンバーと。スタッフはずっと支えてくれている原さんと産休に入るイズッチ。いろいろな想いがめぐる感慨深い1日になりそう。感謝して臨みます。とっておきの手前味噌でチャージしよう。

具材：残り野菜いろいろ、水菜、ゆで卵の醤油漬け
出汁と味噌：煮干し水出汁、手前味噌

作り方：鍋に出汁と残り野菜を入れて火にかける。野菜に火が通ったら水菜と味噌を加えて火を止める。椀によそい、ゆで卵を添える。

12月19日

撮影後の冷蔵庫、まだまだお宝満載。ゆっくりいろいろ楽しみたいところですが、今日は料理教室……。冷蔵庫を少しでもすっきりさせたいな。えっと、モッツァレラチーズに、お豆腐ステーキでしょ……うーん、どうしようかなぁ。

具材：堅豆腐、モッツァレラチーズ、紫玉ねぎ、カラーピーマン
吸口：オリーブオイル、パルミジャーノレッジャーノチーズ
出汁と味噌：昆布水出汁、白味噌、手前味噌

作り方：鍋に出汁と堅豆腐を入れ、火にかける。豆腐が温まったら味噌を加えて火を止める。椀にモッツァレラチーズをちぎり入れ、味噌汁を注いで紫玉ねぎとカラーピーマンを散らす。オリーブオイルをたらし、パルミジャーノチーズをふる。

12月23日

料理本の撮影があると、さまざまな季節の素材を使うことになります。我が家の冷蔵庫は今、四季が混在。さてさて……。冬のなすってピンとこないんだけど、やわらかくって甘い。マッシュルームと煮干しで旨味相乗効果も。今夜はイブイブですね〜。みなさま、すてきな休日を。

具材：ブラウンマッシュルーム、千両なす、油揚げの含め煮
吸口：木の芽
出汁と味噌：煮干し水出汁、手前味噌

作り方：鍋に出汁と野菜類、油揚げの含め煮を入れ、火にかける。野菜類に火が通ったら味噌を加えて火を止める。椀によそい、木の芽を添える。

1月6日

今日はご馳走です。冷蔵庫のおいしい整理術。お味噌が取りもってくれた焼きトリオのひと椀。素材同士もご満悦の様子です。あったまるな〜。お味噌汁はエライな〜。

具材：焼き蕪、焼き豆腐、焼き穴子、里芋の含め煮
吸口：三つ葉、柚子皮
出汁と味噌：里芋の含め煮の煮汁、昆布水出汁、麦味噌

作り方：鍋に里芋の含め煮の煮汁と出汁、具材をすべて入れ、火にかける。ひと煮して具材が十分温まったら、味噌を加えて火を止める。椀によそい、三つ葉と柚子皮を添える。

1月10日

残りものばかりでも素晴らしいひと椀。お味噌の調和力には毎朝驚かされるばかりです。里芋のほっくり、油揚げのジュワーッ、蓮根とねぎのシャキシャキ、ほわほわの卵白。これらをピリッとまとめる七味。

具材：里芋の含め煮、油揚げ、蓮根の端っこ、卵白少々
吸口：白ねぎの青いところ、黒七味
出汁と味噌：里芋の含め煮の煮汁、昆布水出汁、卵黄の白味噌漬けのお味噌

作り方：鍋に里芋の含め煮の煮汁、出汁、卵白以外の具材を入れ、火にかける。ひと煮して具材が十分温まったら具材のみ椀に盛る。鍋に味噌を加え、軽く煮立ったら溶きほぐした卵白を加えて混ぜ、火を止める。椀に注ぎ、ねぎを添えて黒七味をふる。

1月12日

我ながら不思議なお味噌汁。①海苔のお味噌汁が作りたかった②大根おろしを加熱せずに食べたかった。体の声を聞いて、冷蔵庫と相談した結果、このような取り合わせに相成りました。海苔の香りが漂うお味噌汁、よいよい！ おいしいです。

具材：卵白、油揚げ、焼き海苔
吸口：大根おろし、あけがらし
出汁と味噌：ホタテ貝柱のブイヨン、昆布水出汁、麦味噌

作り方：鍋にホタテ貝柱のブイヨン、出汁、油揚げを入れ、火にかける。ひと煮したら味噌を加え、軽く煮立ったら溶きほぐした卵白を加えて混ぜ、火を止める。椀に海苔をちぎり入れ、大根おろしとあけがらしを添える。

1月18日

久しぶりのアヴァンギャルドなひと椀。すべて試作の残り素材を使いました。白味噌が合うんです。少し物足りなかったのでパルミジャーノレッジャーノチーズを加えてみました。すごいなぁ、発酵食品×発酵食品。

具材：ズッキーニのオリーブオイルソテー、ミニトマトいろいろ、モッツァレラチーズ、パルミジャーノレッジャーノチーズ
出汁と味噌：煮干し水出汁、昆布水出汁、岡山の白味噌

作り方：鍋にズッキーニのソテーと出汁を入れ、火にかける。煮立ったらトマトと味噌を加えて火を止める。椀にモッツァレラチーズを入れ、味噌汁をよそってパルミジャーノチーズを加える。

1月22日

本日もおろしのダブル使い。体がそう訴えるのです。1月の料理教室が終わり、卵白ともサヨナラ。みぞれ仕立てのお味噌汁にふわふわの溶き卵白、これかなり好きです。新たな出合いでした！ おろし生姜もプラスでポカポカ。地味だけど滋味深いひと椀。入河内大根って、おろすとほんのり紅がかって、なんだか色っぽい。

具材：里芋皮ごとオーブン焼き、オレンジ色のさつまいも、大根おろし、卵白
吸口：大根おろし、おろし生姜
出汁と味噌：鰹出汁、昆布水出汁、米味噌(淡)、白味噌

作り方：鍋に出汁、里芋のオーブン焼きとさつまいもを入れ、火にかける。芋類に火が通ったら大根おろしを加えてひと煮し、味噌を加える。軽く煮立ったら溶きほぐした卵白を加えて混ぜ、火を止める。椀によそい、大根おろしとおろし生姜を添える。

1月26日

まだ食べきれていない錦糸卵と白魚でのひと椀。錦糸卵と白菜がお味噌汁をしっかりからめてくれます。今日の京都ごはんに備えてダブルおろしをプラス。明日は胃を休める日にしたいけれど仕事の試作が待っています。頑張れ！　私の胃腸〜。

具材：白菜、金時人参、錦糸卵、揚げ白魚
吸口：大根おろし、木の芽
出汁と味噌：昆布水出汁、日本酒、米味噌(淡)、京都の白味噌

作り方：鍋に日本酒を入れ、火にかける。煮立ったら出汁、白菜、人参を加える。野菜がやわらかくなったら錦糸卵と味噌を加えて火を止める。椀によそい、揚げ白魚を加えて、大根おろしと木の芽を添える。

1月28日

でたっ！ 緑色〜！でもお味噌汁ですよ。葉にんにくのピュレを加えたお味噌汁。味噌の塩梅がミソ。なんちゃって。口からはもちろん、目からも元気をもらえる、おいしくて美しいひと椀です。

具材：油揚げの当座煮、焼き白ねぎ

出汁と味噌：油揚げの当座煮の煮汁、昆布水出汁、葉にんにくのピュレ、米味噌（淡）、京都の白味噌

作り方：鍋に油揚げの当座煮の煮汁、出汁、油揚げの当座煮、焼き白ねぎを入れ、火にかける。ひと煮したら味噌、葉にんにくのピュレを加えて火を止める。

2月2日

旅から帰宅した翌朝のお楽しみはお味噌汁！ 出発前日に干していた聖護院大根の皮が台所で迎えてくれました。大根皮のラブコールにおこたえして、本日は大根トリプル使いであります！ 三日干しの切り干し大根は刻んで米油で炒めました。

具材：聖護院大根の皮の三日干し、聖護院大根の茎、聖護院大根のおろし、油揚げ
吸口：七味唐辛子
出汁と味噌：昆布水出汁、日本酒、麦味噌

作り方：鍋で大根の皮を炒め、日本酒を加える。煮立ったら出汁と油揚げを加え、大根がやわらかくなったら、刻んだ茎と大根おろしを加える。ひと煮し、味噌を加えて火を止める。椀によそい、七味をふる。

2月3日

高知の日曜朝市で出合った天然落ち鮎焼き干しを、昆布水出汁の中で泳がせ、じっくりお出汁をひきました。朝市で購入したプリプリのえのき茸はまだ干しはじめて1日ですが、こちらも投入。あぁ、いついつまでも味わっていたい、そんなやさしいお味です。

具材：里芋の含め煮、半干しえのき茸、ゆでほうれん草
吸口：山椒粉
出汁と味噌：天然落ち鮎焼きの出汁、日本酒、京都の白味噌

作り方：鍋に日本酒を入れ、火にかける。煮立ったら出汁、里芋の含め煮、えのき茸を加え、里芋が十分に温まったら味噌を加えて火を止める。椀によそい、ゆでほうれん草を盛り、山椒をふる。

2月4日

立春、大吉。今日から新たな年がはじまります。暦的にも個人的にも。まっ、年をとるってことなんですけれど。そんな新たなる朝のひと椀は、焼き鮎の出汁とふわふわ卵でなんとも滋味深い味に仕上がりました。感動の旨味です。オオツル大豆入り。

具材：丸大根、オオツル大豆の蒸し煮、ゆではと麦、卵
吸口：細ねぎ
出汁と味噌：天然落ち鮎焼きの出汁、米味噌（淡）、京都の白味噌

作り方：鍋に出汁、角切りにした大根、大豆の蒸し煮、ゆではと麦を入れ、火にかける。大根に火が通ったら味噌を加え、軽く煮立ったら溶きほぐした卵を加えて混ぜ、火を止める。椀によそい、細ねぎを添える。

2月6日

昨日からはじまった２月の料理教室の大豆スープがちょっと残っていたので、昆布水出汁でのばして味噌仕立てに。窓辺で干した半干し椎茸は、思いついてギリギリに投入したので、ふっくらとはいかないけれど、かみ締めると椎茸の香りと旨味がじゅわ〜っ。大豆はダブル使いしました。

具材：半干し椎茸、オオツル大豆の蒸し煮
吸口：細ねぎ
出汁と味噌：オオツル大豆のスープ、昆布水出汁、米味噌（淡）、京都の白味噌

作り方：鍋に大豆のスープ、出汁、椎茸、大豆の蒸し煮を入れて火にかける。椎茸がやわらかくなったら、味噌を加えて火を止める。椀によそい、細ねぎを散らす。

2月7日

教室前は含め煮が役に立ちます。盛りだくさんになっちゃったね、お雑煮みたい。白味噌に黄柚子の取り合わせは冬の名残りのお楽しみといった感じ。教室に備えてバッテリー満タンです。

具材：大根の含め煮、里芋の含め煮、無添加梅蒲鉾、うずら卵
吸口：柚子皮、七味唐辛子
出汁と味噌：大根の含め煮の煮汁、昆布水出汁、京都の白味噌

作り方：鍋に大根の含め煮の煮汁、出汁、大根の含め煮、里芋の含め煮を入れ、火にかける。野菜が温まったら蒲鉾を加えてひと煮し、味噌を加えて火を止める。椀に具を盛り、鍋にうずら卵を割り入れる。好みの加減になったら椀に盛って味噌汁を注ぎ、柚子皮を添えて七味をふる。

2月13日

夕べはたいへんなご馳走に預かりました！食べきれなかった〆の甘鯛ごはんのおむすび。こんがり焼いて、みぞれ仕立てのお味噌汁にIN。あぁ、ごはんの旨味が溶け出して、おいしい〜。おむすびにしてもらって大正解でした。

具材：甘鯛ごはんの焼きおむすび
吸口：大根おろし、自家製小梅漬け
出汁と味噌：昆布水出汁、日本酒、米味噌（淡）、京都の白味噌

作り方：鍋に日本酒を入れ、火にかける。煮立ったら出汁を加えて、再び煮立ったら味噌を加えて火を止める。椀に焼きおむすびを盛り、味噌汁を注いで大根おろしと小梅漬けを添える。

2月18日

ほうれん草が絶好調においしいですね〜。スーパーマーケットで、ほぼ一年中並ぶ野菜でも本来の旬があること、置きざりにしてしまいかけているもの、見つめ直したいです。お椀の中のお揚げさんをパクリと一口。旨味の凝縮爆弾や〜！

具材：ゆでほうれん草、玉ねぎ、油揚げの当座煮
吸口：黒七味
出汁と味噌：牛スネ肉 塩麹煮の煮汁(教室の残り)、昆布水出汁、米味噌(赤)

作り方：鍋に牛スネ肉 塩麹煮の煮汁、出汁、玉ねぎ、油揚げの当座煮を入れ、火にかける。玉ねぎに火が通ったら味噌を加えて火を止める。椀にゆでほうれん草を入れ、味噌汁をよそって黒七味をふる。

2月19日

今朝の一杯。地味〜ですね。焼き海苔のお味噌汁だから、見た目、真っ黒。シンプルな具材でお汁をたっぷりいただきたくて。ああ、お味噌汁ってなんでこんなにおいしいんだろ。

具材：里芋の含め煮、焼き海苔
出汁と味噌：里芋の含め煮の煮汁、昆布水出汁、米味噌(淡)、京都の白味噌

作り方：鍋に里芋の含め煮の煮汁、出汁、里芋の含め煮を入れ、火にかける。里芋が十分に温まったら味噌を加えて火を止める。椀に海苔をちぎり入れ、味噌汁をよそう。

2月23日

季節のバトンタッチ。今朝は春の目覚めのひと椀を。昨日、食べそびれたほたるいか、到来物の元気な若ごぼう。お味噌を赤とするか白とするか、ほんの一瞬の躊躇の後選んだのは、白。生姜のダブル使いが効いています！ うーん、これは朝にいただいていいものかしら？ 日本酒とも合いそうです。

具材：ほたるいか、若ごぼう炒め煮、生姜
吸口：おろし生姜
出汁と味噌：昆布水出汁、日本酒、京都の白味噌

作り方：鍋に生姜と日本酒を入れ、火にかける。煮立ったら出汁を加えてひと煮し、ほたるいかと若ごぼうの炒め煮を加える。再び煮立ったら味噌を加えて火を止める。椀によそい、生姜を添える。

味噌玉と
マグカップ味噌汁の
すすめ

　毎朝、ひと椀のお味噌汁を信条にしている私ですが、出張や旅に出るとき、思うようにお味噌汁がいただけず、悩んでおりました。
　そのときに思いついたのが、この味噌玉。味噌と削り鰹節パック、乾燥わかめ、麩、梅干しをラップに包み、つぶれないようにお弁当箱のようなものにまとめ入れ、持って行く〝インスタント味噌汁セット〟。旅先で疲れたとき、外食が重なり、胃の調子が悪いなんてときにも、これさえ常備しておけば安心。マグカップにすべてを入れて、湯を注ぐのみです。

マグカップ味噌汁

材料 1杯分
味噌　小さじ2
削り鰹　1/3〜1/4量（1袋約5g）
乾燥わかめ、とろろ昆布、巻き麩
　各適量
梅干し　1個

カップに
材料をすべて入れる。

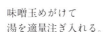

味噌玉めがけて
湯を適量注ぎ入れる。

よくかき混ぜる。

完成！

＊簡単一番出汁
鰹の香りがほしいときには、
削り鰹を椀に入れてから出汁
や味噌を注ぐと、一番出汁の
ような味わいを楽しめます。

毎日のお味噌汁

著者　平山由香
発行人　前田哲次
編集人　谷口博文

二〇一六年四月二十二日　初版第一刷発行
二〇一八年十月二十五日　初版第二刷発行

アノニマ・スタジオ
〒111-0051　東京都台東区蔵前2-14-14　2階
電話03-6699-1064
ファックス03-6699-1070

発行　KTC中央出版
〒111-0051　東京都台東区蔵前2-14-14　2階

印刷・製本　株式会社文化カラー印刷

内容に関するお問い合わせ、ご注文などはすべて右記アノニマ・スタジオまでお願いします。乱丁本、落丁本はお取替えいたします。本書の内容を無断で複製、複写、放送、データ配信などすることは、かたくお断りいたします。定価は本体に表示してあります。

© 2016 Yuka Hirayama printed in Japan
ISBN 978-4-87758-749-9 C2077

アノニマ・スタジオは、
風や光のささやきに耳をすまし、
暮らしの中の小さな発見を大切にひろい集め、
日々ささやかなよろこびを見つける人と一緒に
本を作ってゆくスタジオです。
遠くに住む友人から届いた手紙のように、
何度も手にとって読み返したくなる本、
その本があるだけで、
自分の部屋があたたかく輝いて思えるような本を。

平山由香（ひらやま　ゆか）

料理家。神戸市在住。テーブルコーディネートの草分け的存在クニエダヤスエ氏に師事。料理教室「キュイエール」を主宰。NHK「きょうの料理」をはじめ、テレビ、雑誌、新聞等で活躍。身近な食材に新しい発想を加え、ちょっとした驚きのある料理、食材を使い切る料理の提案をモットーとする。国内外の生産地に足を運び、食材について学ぶことがライフワーク。二〇一四年より「お味噌汁復活委員会」代表を務める。国際中医薬膳管理師。
ホームページ　http://www.cuillere-hitosaji.com/

編集・構成　赤澤かおり
デザイン　茂木隆行
写真　公文美和
写真（日記部分）　平山由香
編集担当　村上妃佐子（アノニマ・スタジオ）